Inhalt

Einleitung 7

I

Maria, die Mutter Jesu

1. Worte Jesu über Maria 15
2. Die Verkündigungsgeschichte 19
3. Aufbruch zu Elisabeth 27
4. Die Geschichte der Heimsuchung 29
5. Die „Stimme" bei Lukas und Johannes 36
6. Der fremde Gott 42
7. Nazareth 44
8. Die Hochzeit zu Kana 53
9. Trösterin der Betrübten 65
10. Mariä Aufnahme 67

II

Maria von Bethanien

1. Maria, die Schwester der Martha (Lk 10,38–42) 79
2. Maria von Bethanien und der Jünger, den Jesus liebhat, in der Lazarus-Perikope (Joh 11) 81
3. Maria von Bethanien salbt Jesus 114
4. „Es ist der Herr". Zu Johannes 21 117

III.

Maria von Magdala

1. Ihr wird viel vergeben, weil sie viel geliebt hat 125
2. Maria in der Osterfrühe 129

Anhang:
Ein indisches Gleichnis und seine Deutung 141

Einleitung

Die hier ausgelegten Schrifttexte um Maria sind ausschließlich dem dritten und dem vierten Evangelium entnommen. Das vierte konspiriert mit dem Sondergut des dritten. Gemeinsam ist den beiden Evangelisten:

1. das betonte Interesse an der Bedeutung des Glaubens in Hinsicht auf das Offenbarungsgeschehen, am Zusammenhang von Glaube und Geistgabe;

2. in den beiden Evangelien begegnen uns in eigenen Perikopen die Schwestern Maria und Martha sowie Maria von Magdala;

3. unübersehbar ist der Bogen von der Lazarusparabel bei Lukas zur Lazaruserweckung bei Johannes, wie vor allem die Schlußwendungen dieser beiden Texte erkennen lassen: auch wenn einer von den Toten aufersteht, glauben die nicht, zu denen Gott durch Moses und die Propheten vergeblich gesprochen hat;

4. die Sünderin im Hause Simons, des Pharisäers, bei Lukas (7) und Maria von Magdala am Grabe des Auferstandenen bei Johannes (20) sind *eine* Glaubensgestalt;

5. die Geschichte vom reichen Fischfang bei Lukas (5) mit der anschließenden Berufung Simons zum „Men-

schenfischer" wiederholt sich bei Johannes (21) auf der österlichen Ebene im nächtlichen Fischzug, dort mündet die Erzählung in der Übertragung des Hirtenamtes an Simon Petrus.

Im dritten wie im vierten Evangelium verbirgt sich eine überindividuelle Bedeutung des Namen Maria. Die drei Gestalten, die diesen Namen tragen und denen eigene Perikopen gewidmet sind, verdeutlichen auf je ihre Weise, was Glaube ist.

Dabei ist die Mutter Jesu die Inbegriffgestalt des gläubigen Menschen, alle Gestalt der Gläubigkeit einbegreifend. Alle Geschlechter preisen sie selig, weil Gott auf sie herabgesehen und weil sie geglaubt hat.

Nachdem bei Lukas im ersten Satz der Verkündigungsperikope mit so auffallender Hervorhebung gesagt wird: „und der Name der Jungfrau war Maria", liegt es nahe, an eine typologische Ausweitung dieses Namens zu denken, wenn bei Johannes der erste und einzige Name, den der Auferstandene sagt, wieder „Maria" heißt, obwohl hier Maria von Magdala angesprochen ist, und wenn die beiden Marien, die von Bethanien und die von Magdala, auf je eigene Weise die Bedeutungsweise und -tiefe der Grundbegnadigung des Christen, Glaube, erkennen lassen.

Was ist das Gemeinsame der drei Marien? Sie sind jeweils der Mensch, der „weiß, wer Jesus ist" (Joh 4,10), d. h., dem die Offenheit für Jesus als den Offenbarer Gottes geschenkt ist, so daß von seinem Du, von Wesen, Wort und Weisung Jesu das Hören, Denken, Sprechen,

Warten, Handeln, Leiden dieser drei bestimmt und durchdrungen sind. Die drei Marien handeln nicht aus sich, aus natürlichem Eigenantrieb, sondern von Jesus her, aus seinem Ruf und Geist. – Ihr Glaube ist je anders „in der Liebe wirksam" (Gal 5,6), offen für Eingebung, für das Neue und Andere Gottes, für neues Sein und Sagen; dieser Glaube transzendiert das nur gesetzhaft oder konventionell Vorgegebene, er singt das „Neue Lied".

Zum je Eigenen der drei Marien:

Maria von Nazareth

Marias Glaube steht am Anfang des Christusereignisses, bildet seine gottgewollte und gottgeschenkte Mitvoraussetzung. Entsprechend begegnet Maria bei Lukas auch wieder im österlichen Vollendungsgeschehen, nun nicht mehr allein, sondern inmitten der im Osterglauben geeinten Jüngerschar, die auf die pfingstliche Herabkunft des kirchenbildenden Geistes wartet (Apg 1,13f.). Der Heilige Geist, der die Leibwerdung des Messias in ihr wirkte, wird auch der Bildner des mystischen Leibes Christi mit all seinen Gliedern in der kommenden Kirche sein. Wie Gott Kirche will, ist vorgestaltet in Maria.

Bei Johannes, der wie Markus sein Evangelium mit dem öffentlichen Wirken Jesu beginnt, ist Maria auf der Hochzeit zu Kana durch ihren Glauben auslösend an der Erstoffenbarung der Herrlichkeit Jesu beteiligt, am Beginn seiner „Zeichen".

Unter dem Kreuz, da alles „vollbracht" ist, wird sie dann die von Jesus eigens „Gesehene" sein, wie sie es bei der Verkündigung war („Er hat herabgesehen auf seine niedrige Magd"); mit ihr, bei ihr stehend, „der Jünger, den Jesus liebte", auch er Inbegriffgestalt von Glauben, von Jüngerschaft. Beide sind vom Gekreuzigten aus für immer aufeinander bezogen, ihr vertraut Jesus ihn an, ihm sie.

Maria von Bethanien

Maria, die Schwester der Martha, tut das eine Notwendige, „wählt den guten Teil" im Hören auf Jesus, im Aufnehmen seiner Botschaft (Lk 10).

Ihr Glaube wird mitbeteiligt an der Auferweckung des Lazarus, ist Mitvoraussetzung dafür, daß diese geschieht (Joh 11).

Aus der inneren Glaubensnähe zum Herrn vollzieht sie die prophetische Salbung in Bethanien zum Tag seines Begräbnisses.

Maria von Magdala

Maria Magdalena ist die Mariengestalt, die aus einer abgründigen Angewiesenheit auf Erbarmen den „Abgrund" der Liebe Gottes erfährt, die aus dem Geheimnis der Vergebung lebt. Bei ihr sucht die Gewalt der dankbaren Liebe jeweils auch den leibhaftigen Ausdruck. Sie verdeutlicht in einzigartiger Weise den

„Glauben, der in der Liebe wirksam ist" (Gal 5,6). Sie ist die erste am Grabe Jesu in der Osterfrühe. Und ihr gilt des Auferstandenen erstes offenbarendes Wort: „Maria!" – Sie wiederum ist die Erstbotin der Auferstehung für die vergebungsbedürftige Welt, für die Jünger, die Kirche, die Menschheit.

Der Jünger, den Jesus liebhat

Die Entsprechung zu Maria, der Mutter Jesu, als der Inbegriffgestalt von Glauben ist der „Jünger, den Jesus liebhat".

Wie im lukanischen Gleichnis Lazarus durch den Tod hindurch in den Schoß Abrahams, so gelangt der, „den Jesus liebhat", durch seine Erweckung aus dem Grab in den Schoß Jesu beim Letzten Abendmahl. Für die Innigkeit seiner Glaubensnähe zu Jesus gebraucht das Johannesevangelium die gleiche Wendung wie im Prolog, wo es heißt, daß „der einziggezeugte Sohn im Schoße des Vaters ist" (Joh 1,18). Unsere Einheit mit Jesus und in ihm soll nach seinem Willen die seine mit dem Vater spiegeln, ja ihre Ausweitung sein: „Vater, ich will, daß sie eins seien, wie du in mir und ich in dir." – Die Vokabel „Schoß" (griech. „kolpos") kommt im Neuen Testament nur an diesen drei Stellen vor, in der je gleichen Bedeutung: Jesus, der einziggezeugte Sohn, im Schoß des Vaters – Lazarus in Abrahams Schoß – der Jünger, den Jesus liebhat, in Jesu Schoß.

Es dürfte gewiß sein, daß Johannes, der Evangelist,

sich selbst und seine Glaubensgnade mit ihrem Vorher und Danach im Gleichnisnamen Lazarus wie in der Erzählung von dessen Auferweckung, wo aus „dem, den er liebhat", der „Jünger" wird, „den er liebhat", verborgen hat.

Die Glaubensnähe dieses Jüngers zum Herrn entspricht der Marias und ist mit der ihren verwoben, darum wird sie in diesem Buch mitbedacht.

I

Maria, die Mutter Jesu

1. Worte Jesu über Maria

Es geschah aber, als Jesus zum Volk redete, erhob eine Frau aus dem Volk ihre Stimme und sprach zu ihm: Selig der Leib, der dich getragen, und die Brust, die dich genährt hat. Er aber sprach: Vielmehr selig, die das Wort Gottes hören und es bewahren (Lk 11,27).

Alle Äußerungen Jesu seiner Mutter gegenüber sind aufs erste Hören von auffallend herber Zurückhaltung.

„Wer ist meine Mutter, und wer sind meine Brüder?", so erwidert er denen, die ihm zumuten wollen, Lehre und Predigt zu unterbrechen, weil seine Mutter und seine Brüder vor der Türe stehen. Dann fährt er fort: „Wer den Willen meines himmlischen Vaters erfüllt, der ist mir Bruder, Schwester und Mutter" (Mt 12,50). – Ähnlich begegnet er dem enthusiastischen Ausruf der Frau aus dem Volke.

Hier wie dort lenkt er auf Grundsätze ab, die für alle gelten, die in das Reich Gottes eingehen wollen; hier wie dort hebt er den Vorrang der geistigen Verwandtschaft vor der blutsmäßigen hervor.

In der leiblichen Abstammung von Abraham und der Ableistung äußeren Gesetzeswerkes sahen viele Frommen jener Tage Israels Identität als Bundesvolk gewährleistet; praktisch hintangesetzt wurde vielfach, daß Glaube und Gehorsam dem offenbarenden Gott gegenüber allein der Erwählung würdig machen. Hier hat Jesus immer neu zum Umdenken aufrufen müssen. Nicht die leibliche Nähe zu ihm als solche gab Maria in den Augen

Jesu einen Vorrang, sondern ihre Glaubensbeziehung zu ihm und die aus ihr hervorgehende Gleichförmigkeit mit ihm in der Hingabe an den Willen des Vaters. Diese Nähe freilich war von solcher Innigkeit, daß ihre Gottesmutterschaft daraus hervorging, um durch eine Geschichte der Glaubensbewährung hindurch ihr immerwährendes Zeichen zu werden. Auf diesen verborgenen Kern ihrer Erwähltheit weisen Jesu Worte hin, wenn von seiner Mutter die Rede ist. Wer vom Offenbarungsganzen herkommt, für den sind die Erwiderungen Jesu Bestätigung und Weiterführung der Seligpreisung Mariens durch Elisabeth und Simeon (Lk 1,43–45; 2,29–32. 34–35). Lukas hat diese Linie zweifellos bewußt gezogen. Mit einer Wendung, die der inspirierende Gottesgeist ihn einzig für Maria finden läßt, hebt der Evangelist noch an zwei weiteren Stellen die einzigartige Beziehung der Jungfrau zum Wort hervor: „Sie bewahrte alle diese Worte und erwog sie in ihrem Herzen", „seine Mutter bewahrte alle diese Worte in ihrem Herzen" (Lk 2,19.51). Aber es will beachtet sein, daß Jesu Worte über Maria doch auch einen Schleier um sie legen, der ihre Gnadenfülle verbirgt; sie akzentuieren nicht ihren Vorrang, sondern wehren umgekehrt ihrer Isolierung. Als ob an ihrer Gnade nicht alle teilnehmen könnten, die Gottes Wort hören und bewahren, die seinen Willen tun! Damit bleibt das Geheimnis seiner Mutter vor Unberufenen und Unbeteiligten gewahrt.

Je größer eine Gnade, desto eifersüchtiger ist Gott darauf bedacht, sie im verborgenen sich vollenden zu lassen. Und desto strenger ist auch der Begnadete selbst gehalten und innerlich gedrängt, sie vor den Augen der

Welt zu verbergen. Gott „sieht im Verborgenen" (Mt 6,4), dort „sah er herab auf seine niedrige Magd" (Lk 1,48), und die Tür, die in diese Kammer führte, soll verschlossen bleiben vor der Neugier und dem Lärm. – Freilich „nichts ist verborgen, es sei denn, damit es offenbar werde" (Mk 4,22). So wird auch die Stunde anbrechen, da Maria in nicht abbrechender Folge von allen Geschlechtern seliggepriesen wird; das ist ihr eigenes inspiriertes Wort, bezeichnenderweise spricht sie es nicht „draußen", sondern „drinnen", zu Elisabeth hin, die wie sie vom Heiligen Geist erfüllt und so einbezogen ist in jenen Bereich, in dem „Gott sieht". In diesem Bereich allein wird auch in alle Zukunft die Prophetie der Jungfrau verstanden und in Erfüllung gebracht, wird sie seliggepriesen. Denn Maria bleibt – mit einem Wort des Hohenliedes zu sprechen, das die Liturgie auf sie anwendet – „der versiegelte Quell und der verschlossene Garten", was zusammenhängt eben mit ihrer Gnadenfülle, mit der Wahrheit, daß sie der vorbehaltene Ort des göttlichen Ausgangs in diese Welt hinein ist. Zugang ist hier nur im Glauben, in dem gleichen, der sie selbst erfüllte, er allein erschließt die Schönheit dieses Gartens und entsiegelt die Quelle, die in ihm strömt und aus der Dürstende trinken. Damit hängt es zusammen, daß das Verständnis Marias wie kaum ein anderes an die innere Zugehörigkeit zur Kirche gebunden oder auf sie hingeordnet ist, zu ihr hinführt, wie es andererseits auch die Treue zur Kirche sichert: Die rechte Sicht Marias (das Geheimnis der Kirche wird in ihr mitgesehen) und die aus ihr hervorgehende Seligpreisung lassen „drinnen" bleiben, sie ist Teilhabe an der Sicht, mit der Gott sie sah und sieht, eine Sehübung im Glauben, die empfindlich und schließlich immun macht gegenüber der „Finsternis draußen, welche die Augen verblendet“ (1 Joh 2,11).

Zu fragen bleibt, ob eine allzu laute und vordergründige Verehrung Marias im Sinne Jesu und seiner Mutter sein kann. Die heilige Theresia vom Kinde Jesus hat es bewegend zur Sprache gebracht, wie sie unter einem Marienkult gelitten hat, dessen ganzes Pathos ihrer Erhabenheit gilt und in dem ihres Glaubensweges, der sie uns so schwesterlich nahebringt, kaum mehr gedacht wird. Höchste Distanzierung und Beanspruchung für die eigene Wunschwelt zugleich, so will es oft ein allzu menschliches Verehrungsbedürfnis.

Jesus ließ es nicht stehen, wenn wohlmeinende Äußerungen aus seinem Volke die eigentliche Ebene Marias, die ihrem Glauben gewährte, auch nur im mindesten verfehlten. Sollten wir nicht auch den Schleier lieben, den er für sie wollte? Es könnte sonst geschehen, daß der Wiedervereinigung im Glauben entgegenwirkt, was ihr im besonderen Maße den Weg bereiten könnte, unser Verhältnis zur Mutter Jesu.

Umgekehrt wird man sich allerdings auch fragen müssen, ob es nicht ein Zeichen erkalteten Glaubens ist, wenn man an Maria achtlos vorübergeht in Gottesdienst, Verkündigung und Gebet, wo man sie vorher vielleicht überlaut pries.

2. Die Verkündigungsgeschichte

Die Bibelwissenschaft spricht bei den erzählenden Berichten der Heiligen Schrift, besonders bei Geschichten von entscheidender Heilsbedeutung, heute gern von „narrativer Theologie" – Theologie in erzählender Form. Die wohl schönste, dichteste, beziehungsreichste Geschichte dieser Art ist die von der Verkündigung an Maria. Ihr kommt für die Erkenntnis der Rolle Marias als Inbegriffgestalt der Glaubenden im Heilsgeschehen (darin ist sie dem Abraham ähnlich) eine besondere Bedeutung zu. Diese Erzählung ist im Neuen Testament der einzige Dialog einer vollkommenen Konsonanz von offenbarendem Gott und gläubigem Menschen, ohne irgendein vorgängiges Ringen des göttlichen Lichtes mit der Verdunkelung eines Herzens, mit Zweifel, Trauer oder Mißverstehen. Sie ist, theologisch gesehen, die österlichste aller Geschichten.

Maria steht im lukanischen Schrifttum am Anfang des Christusereignisses, ebenso aber auch am Beginn des pfingstlichen Vollendungsgeschehens. (Ähnlich steht sie bei Johannes *am Anfang* des öffentlichen Wirkens Jesu als Zeugin seiner *„bis ans Ende"* gehenden Liebe unter dem Kreuz.) Nicht zufällig nennt Lukas unter den Jüngern, die der Weisung des Herrn gemäß nach seiner Himmelfahrt Jerusalem nicht verlassen, sondern im Glauben an ihn als den erhöhten Messias die „Verheißung des Vaters", den Geist, erwarten, neben den Namen der Apostel als einzigen den der Mutter Jesu. Die kleine Kopula „und" rückt sie unauffällig in die Mitte zwischen die Frauen der Jesusnachfolge und die Brüder des Herrn: „Sie alle waren dort beieinander im anhaltenden Gebet, zusammen mit den Frauen und Maria, der Mutter Jesu, und seinen Brüdern" (Apg 1,14).

Der Name Maria ist gerade an dieser Stelle nicht ohne Bezug zu dem Bogen, den Lukas zwischen Pfingsten und dem Verkündigungsgeschehen schlägt. Lukas will deutlich machen: Hier wie dort geschieht Herabkunft des Geistes. Pfingsten sieht Maria eingereiht in die Gemeinde, aufgegangen in sie. Aber der gleiche Geist, der nun den Leib Christi, die Kirche, den erlösten Kosmos, zu bilden beginnt, war im Schoße Marias bereits der Bildner des Leibes Jesu. Das Christusgeschehen kommt vom ersten Beginn ganz aus Gott, ganz aus Heiligem Geist – ähnlich wie später Jesu Passion und der Anfang der Kirche.

Das zweite entscheidende Stichwort in diesem geistgewirkten Zusammenhang heißt: Glaube. Geistmitteilung gibt es nicht ohne ihn. Pfingsten geschieht in das Warten und Beten der an den erhöhten Christus glaubenden Jüngerschar hinein. Niemand als diese kleine gläubige Gemeinschaft kann den Beginn der Geistausgießung in eine nach Erlösung von Unrecht und Tod sich sehnende Menschheit hinein erbitten und erfahren. Entsprechend geschieht auch die Herabkunft des Geistes auf Maria, der Beginn des messianischen Geschehens, in ihren Glauben hinein. Um dieses Glaubens willen preist Elisabeth sie selig. Jesus selbst weitet die Preisung aus mit den Worten: „Selig, die das Wort Gottes hören und bewahren" (Lk 11,28).

In der nun folgenden Auslegung der Verkündigungsgeschichte wird auch auf die Bedeutung der Nebensätze und der einzelnen Vokabeln, auf ihre Stimmigkeit im Ganzen der Perikope geachtet. Die berechtigte Ablehnung eines reportagehaft-historischen Verständnisses biblischer Geschichten brachte es mit sich, daß viele Ausleger und Prediger nur die theologische oder moralische Sinnspitze einer Erzählung beachteten und alles übrige lediglich wie erzählendes Beiwerk behandelten.

Darüber hinaus hielt man es vor allem für wichtig, möglichst genau wissen und sagen zu können, was etwa in einem Text „historisch" sei oder nicht. So verblieb man auf der Ebene der „Historie". Die Offenbarung will anders gelesen werden, in einem Glauben an Inspiration, der auch noch den Beiläufigkeiten, den Zwischentönen und der Arkansprache heilsbedeutsamer Texte nicht weniger hellhörig und sensibel begegnet.

Lukas hat dem Evangelium von der Verkündigung an Maria die Erzählung von der Verkündigung an Zacharias vorausgeschickt. Die Berichte sind einander sehr ähnlich, um so auffälliger treten die Unterschiede hervor.

Bei Zacharias wird eigens gesagt, wo er sich aufhält und was er tut, als ihm der Engel erscheint. Er ist im Heiligtum, er bringt das Weihrauchopfer dar, das ganze Volk draußen betet mit ihm. Noch bindet Gott seine Gnade an die heilige Stätte, den Tempel, noch ist dieser die Mitte des Bundes. Noch braucht der Mensch, um Gott zu erfahren, ein Beten und Tun, das sein Angesicht so sucht, wie das Gesetz es vorschreibt.

Dann erscheint der Engel. Zacharias erfährt ihn wie einen plötzlichen Einbruch der ganz anderen göttlichen Welt in den irdischen Raum: Furcht überfällt ihn.

Bei Maria wird weder gesagt, wo sie sich aufhält, noch was sie tut, als die Offenbarung an sie ergeht. Der Engel „erscheint" nicht, wie aus einer anderen Welt kommend, sondern er „tritt zu ihr ein", wie einer beim anderen über die vertraute Schwelle. – „Er trat zu ihnen ein" – das gleiche Wort gebraucht Lukas in der Emmausgeschichte, als Jesus sich durch den aufkeimenden Glauben der Jünger zur Einkehr bei ihnen nötigen läßt (Lk 24,36).

Das erste Wort des Engels an Zacharias lautet: „Fürchte dich nicht!" So spricht der Engel später auch zu den Hirten, so zu den Frauen am Grab. Er muß erst die Gerichtsfurcht nehmen, die sein Erscheinen auslöst – der Sünder ist diesem Licht nicht gewachsen –, bevor er die Freude kündet.

Bei Maria heißt es gleich zu Beginn: „Freue dich, du Begnadete, der Herr ist mit dir!" Der Eintritt des Engels löst keine Furcht in ihr aus. Warum erschrickt sie dann über den Gruß? Weil dieser sie selbst ins Licht rückt und weil sie bis dahin keinen Anlaß gehabt hatte, sich selbst in den Blick zu nehmen. Wer reinen Herzens ist, hat Gott und Gottes Sache im Auge, nicht sich. Es fehlt Maria für diesen Engelgruß aller Zusammenhang mit ihrem Bisher. Wenn man einem Kind zum erstenmal einen Spiegel vorhält und es sieht sich selbst statt des Vaters oder der Mutter, so erschrickt es.

Aber nun tut Maria etwas, was Zacharias nicht tut und nicht tun kann, weil die Furcht, die die Engelerscheinung in ihm auslöst, es nicht zuläßt: Sie denkt nach. Diese kleine Bemerkung des Lukas sagt uns, daß Marias Furcht von anderer Art ist als die des Zacharias, aber auch wie gesund sie ist. Sie erwartet nicht gleich, daß ihr übernatürlich weitergeholfen werde, sie geht den ordentlichen und gewöhnlichen Weg: sie denkt nach. Und so lange wartet der Engel. Maria soll erst das Ihre tun, dann wird er fortfahren, das Seine zu tun.

Jetzt greift der Engel ein: „Fürchte dich nicht, Maria, denn Gnade hast du gefunden bei Gott!" – „Fürchte dich nicht!", immer ergeht dieses Urwort der frohen Botschaft an erwählte Menschen, wenn Gott zu ihnen spricht, um ihnen Verheißung und Auftrag zu geben, und immer stellt es sie in eine Beziehung zum Erlöser; Abraham hört es als erster. Und seit ihm verbindet die Schrift es unlöslich, wenn auch verborgen, mit dem Hinweis auf den, der die Furcht nimmt – all denen nimmt, die glauben –, den Messias.

Auch bei Zacharias ist dieser Hinweis noch verhüllt. Bei Maria nun tritt er ins Offene. Die Botschaft an sie ist eindeutig: Gott hat sie zur Mutter des Messias ersehen. In reinem Glanz erstrahlt vor ihr das Bild des Verheißenen: Thron seines Vaters David ... König über das Haus Jakob in Ewigkeit ... Seines Reiches kein Ende. – Das ist der Christus der Parusie, des vollendeten göttlichen Heilsplans. Fülle von Wahrheit und Gnade leuchtet auf. Sie bewirkt bei Maria eine entsprechende Vertrauenstiefe und Verfügungsbereitschaft für den göttlichen Plan im Ja des Glaubens, wie es sich im Fortgang der Geschichte erweist. Zunächst aber überrascht die Frage Marias: „Wie soll das geschehen, da ich keinen Mann erkenne?" Es lag für Maria doch nahe, die Botschaft in

Verbindung zu bringen mit ihrer nahen bevorstehenden Heimführung durch Joseph. Es wurde ihr ja zunächst nichts gesagt, was auf einen anderen als den natürlichen Weg des Mutterseins verwies.

Gerade darum ist ihre Frage nur verstehbar als Ausdruck einer inneren Verpflichtung auf gottverfügte Jungfräulichkeit, wie Jesus sie Mt 19, 12 zur Sprache bringt. Die endzeitliche Gabe der Jungfräulichkeit um des Himmelreiches willen nahm Gott für Maria vorweg, anders ist ihre Antwort nicht verstehbar. Es gibt Vorwegnahmen im Bereich der Gnade, wie in dem der natürlichen genialen Begabungen. In der Kindheitsgeschichte des Lukas gibt es weitere Vorwegnahmen solcher Art, signalisiert durch die Vokabel Heiliger Geist. Ein Beispiel: Maria gibt Elisabeth den Friedensgruß; die Stimme dieses Grußes bewirkt Übergreifen des Geistes auf die Verwandte. Das ist Vorwegnahme der österlichen Vollmacht, die Jesus Lk 10, 5 den zweiundsiebzig Jüngern gibt.

In den allgemeinen Anschauungen des Israel jener Tage hatte eine solche Lebensform als Entschluß – so schien es lange – absolut keinen Sitz im Leben. Ein innerlich verpflichtendes Charisma der Jungfräulichkeit bei Maria anzunehmen schien auch im Widerspruch zu stehen mit ihrer Verlobung, die rechtlich die Ehe begründete. Nun haben die Qumranfunde überraschend ergeben, daß ein Teil der Männer dort sich in Erwartung der nahen Gottesherrschaft aus Bußernst der Ehe enthielten. Dergleichen war also im Judentum jener Zeit nicht schlechthin undenkbar. Zwar war ein Mädchen in solchen Fragen nach Brauch und Gesetz nicht entscheidungsfrei; Maria hatte nicht die Möglichkeit, sich einer

Verheiratung zu entziehen. Konnte sie aber nicht auf einen Mann treffen, der in der gleichen Ausrichtung auf das messianische Endheil lebte wie sie? In kleinen Gruppen von intensiver Gemeinsamkeit entstehen auch nicht selten entsprechende Ehen.

Die Frage Marias: „Wie soll dies geschehen, da ich keinen Mann erkenne?" erweist sich als das Bestehen einer Glaubensprüfung: Sie bewegt sich auf dem schmalen Grat des Glaubens zwischen zwei Möglichkeiten des Versagens im Unglauben.

Wird sie um der glanzvollen Aussicht willen, Mutter des Messias zu werden, ein Charisma preisgeben, das gnadenhaft verfügt, bleibende Verpflichtung ist? – Das wäre die eine Möglichkeit des Versagens: Untreue gegenüber einer verbindlichen, den ganzen Menschen in Wesen und Werden prägenden Gehorsamsbindung, in der sie schon stand – Untreue gegenüber Gott und sich selbst.

Oder wird sie angesichts der Unvereinbarkeit von Jungfräulichkeit und Mutterschaft für menschliche Erfahrung der Botschaft ein „Unmöglich" entgegenhalten? Das würde bedeuten, daß sie dem Boten Gottes und seinen Worten nicht glaubt – die andere Möglichkeit des Versagens.

Was tut sie? Sie fragt schlicht und einfach nach dem Wie, nach der Vereinbarkeit der beiden Berufungen, der zur Jungfräulichkeit um des messianischen Reiches willen und der zur Mutter des Messias. Um das Wie muß sie wissen, da die Frage ihr ganzes Menschsein und ihre ganze Freiheit ins Spiel bringt.

Die Formulierung der Marienfrage läßt zurückdenken an die wiederum ähnliche des Zacharias: „Wie soll ich (dies) erkennen? Ich selbst bin nämlich alt, und meine Frau ist vorgerückt in ihren Tagen!" In beiden Antworten fällt nach der Absicht des Evangelisten sicher nicht zufällig das Wort „erkennen", aber in verschiedener Absicht und gegenteiliger Akzentuierung. Zacharias zieht das durch den Engel angekündigte Geschehen in Zweifel, er fragt nach der Möglichkeit des Erkennens, bevor er zum Glaubensvollzug bereit ist, Maria fragt gläubig nach dem Wie des Geschehens im durchgehaltenen Verzicht auf „Erkennen". (In beiden Fällen kann „Erkennen" die Nuance der vollen und erfüllten Geschlechtsgemeinschaft haben.)

Die Antwort des Engels an Maria: „Heiliger Geist wird über dich kommen und Kraft des Höchsten dich überschatten; darum wird auch das Gezeugte ein Heiliges heißen: Sohn Gottes" – sie offenbart und verhüllt zugleich. Eines stellt sie sicher: Heiliger Geist wird der Schöpfer und Bildner des Messias im Schoße der Jungfrau sein. „Das Gezeugte ein Heiliges – Sohn Gottes" – ist ein erster verborgener Hinweis auf Jesu Woher.

Daß Jesus von einer Jungfrau empfangen und geboren wird, ist Mysterium; von natürlichen Kriterien und Maßstäben her ebensowenig verstehbar wie seine Auferstehung. Hier geht es für den Christen wie für Maria selbst in der Stunde der Verkündigung um Glauben oder kopfschüttelnden Unglauben.

Warum Abwertung von Ehe vermuten bei dem, der hier unbefangen die Schrift liest und ihr glaubt? Gott wertet Ehe nicht ab, wenn er so handelt, wie es die Verkündigungsperikope bezeugt. Warum sollte dann der sie abwerten, der dem offenbarenden Wort vertraut? Und warum sollte er umgekehrt Jungfräulichkeit solcher Ausrichtung, wie Maria sie lebte, nicht den Vor-rang zumessen, den sie bei Gott hat?

Die Glaubensantwort Marias: „Siehe die Magd des Herrn, es geschehe mir nach deinem Wort", drängt danach, daß auch wir sie geben im Hören der gleichen Botschaft.

Der Bericht schließt mit den Worten: „Da schied der Engel von ihr." So wie er bei ihr „eintrat", nicht unversehens „erschien", so entschwindet er jetzt nicht einfach, sondern scheidet von ihr. – Dieser kleine Satz will noch einmal die Vorstellung ausschließen, daß Maria etwa nur eine Erscheinung gehabt habe und die Erzählung der Geschehenswirklichkeit entbehre. – So hält sich die Verkündigungsperikope bis zum Schluß nahtlos auf der Ebene der Gnade.

Die Stunde des beginnenden Christusgeschehens ist im Lukasevangelium Vorverkündigung der erlösten Welt.

3. Aufbruch zu Elisabeth

Das Geschenk Gottes an die Menschheit hat begonnen. Gott wird die Ehre. Den Menschen Friede.
Glorie im Anfang. Glorie im Aufbruch.
Der Geist kommt, ergreift, greift aus, die Türen springen auf.
Was drinnen war, drängt nach draußen.
Maria bricht auf zu Elisabeth.

Der Hinweis des Engels auf Elisabeth und ihre Schwangerschaft im sechsten Monat genügt für Maria. Schwerhörigere brauchen Befehle. – Je näher einer Gott ist, je geliebter und liebender, desto weniger hat er Anweisungen nötig, desto gewisser kommt seine Freiheit ins Spiel. Im Mitteilen bestimmter Gegebenheiten oder auch nur eines Namens verbirgt sich für das Gespür der Liebe das ihr Nahegelegte.

Maria eilt. Das ist Eile, wie sie der Geist weckt und schenkt. Auf sie stoßen wir in vielen Geschichten des Neuen Testamentes, wenn Gottes Geist sich ins Spiel bringt.

Ein Zweck des Aufbruchs wird nicht genannt. Daß Elisabeth sich vor Nachbarn und Verwandten verborgen hielt, wissen wir vom Evangelisten, Maria wurde es nicht mitgeteilt, so denkt sie auch nicht an einen Helferdienst. Sie glaubt dem „Zeichen", das ihr gegeben wurde, bevor sie es schaut, aber dann bricht sie auf, um es wahrzunehmen; sie weiß, erst wenn man es wahrnimmt, erkennt man vollends, wozu es gegeben ist.

„Sie trat in das Haus des Zacharias und grüßte Elisabeth" – sie setzt fort, was ihr selbst geschah. In der Verkündigungsgeschichte heißt es: „Der Engel trat bei ihr ein und sprach: Gegrüßet seist du, Begnadete". Auch sie tritt ein und grüßt von Gott. Was der Bote Gottes für sie war, wird sie für Elisabeth. Der Geist, der auf sie herabkam, dringt über die Stimme ihres Grußes in Elisabeths Ohr bis in das Herz des Kindes in ihrem Schoß, so daß es aufhüpft vor Freude.

4. Die Geschichte der Heimsuchung

Lukas ist der Dichter unter den Synoptikern, aber ein inspirierter Dichter. Die göttliche Inspiration verbindet sich bei ihm mit der dichterischen auf eine Weise, daß man nichts Besseres tun kann, als sich von ihm Erzähltes mit allen Einzelheiten so sagen zu lassen, wie es da steht. Dann öffnet sich ein Offenbarungszusammenhang, der vollkommen stimmig ist. Jedes große Kunstwerk zeichnet sich dadurch aus, daß es in seiner Gestalt keine Leerstelle gibt, kein bloßes Beiwerk, nichts Überflüssiges, sowenig wie in der Leibesgestalt eines Menschen, wo jeder Nervpunkt mit dem Ganzen zusammenhängt. Das gilt in eminentem Maße ebenso für das johanneische wie für das lukanische Schrifttum, besonders auch für die Gleichnisse bei Lukas, sie haben nicht nur eine Sinnspitze, jeder Zug ist da sinngeladen.

Die Kindheitsgeschichte Jesu, Sondergut des Lukas, ist eine erstaunliche Einheit von dichterischer Poesie und göttlicher Offenbarung.

In der Heimsuchungsgeschichte entdeckt man wieder wie bei der Verkündigung die Parallele zum Pfingstgeschehen. Das pfingstliche Geistereignis bewirkt die Öffnung der Türen: die Jünger, die drinnen waren, treten hervor, die göttliche Gabe drängt nach Weitergabe. – Auf Maria ist der Heilige Geist herabgekommen. Das nächste ist Aufbruch, die Tür wird aufgestoßen, sie eilt zu Elisabeth. Der Hinweis auf sie durch den Engel zeigt ihr den nächsten Schritt. Zwischen Liebenden braucht es nicht Befehl oder Weisung, es genügt ein Hinweis, ein Name, eine Andeutung.

Völlig fern lag Maria der Gedanke, sie müsse Elisabeth helfen. Die Frau des Priesters Zacharias hatte nahe Verwandte und Bekannte, die sich später auch bei der Geburt des Johannes einfinden. Und Maria war nicht (wie wir durch den Evangelisten) eingeweiht in die Tatsache, daß Elisabeth sich verborgen hielt. (Warum wohl hielt sie sich verborgen? Sie wußte sich einbezogen in die Stummheit ihres Mannes, in den Schleier, den Gott offenbar um das Geheimnis der Empfängnis des Vorläufers legen wollte. Wenn Zacharias nicht mit dem Munde sagen durfte, was ihm der Engel verkündet hatte, dann sie nicht mit dem Zustand ihres Leibes. Im sechsten Monat freilich braucht sie eine Helferin. Darum schickt ihr Gott Maria. Sie kommt, sie wird eingelassen und sieht, daß Elisabeth niemanden hat, sie bleibt bis zur Geburt des Johannes.)

Als Maria aufbricht, weiß sie von Elisabeths Verborgenheit noch nichts. Und sie gehört nicht zu den Menschen, die immer gleich an Aufgaben denken, die meinen, anderen immer etwas bringen oder beibringen zu können oder zu sollen. Sie lebt wie ein Kind vom Gegebenen her. Sie ließ sich das Vorkommende zuerst einmal Geschenk sein. In Gaben verbergen sich nicht selten auch Aufgaben, aber diese lösen sich wie von selbst bei denen, die von der Gabe ausgehen; ihnen schenkt sich auch, was die Aufgabe erkennen und verwirklichen läßt. Was vom Geschenk her geschieht, hat zumeist etwas Lichtes und Leichtes.

Maria eilt zu Elisabeth als zu dem Zeichen, das Gott

ihr gab, damit sie das Unmögliche, daß die Jungfrau Mutter werde durch den Heiligen Geist, für möglich halten könne. Sie sagt ihr Glaubens-Ja, ohne das Zeichen wahrzunehmen. Aber sie weiß auch, daß ein Zeichen erst vollends zeigt, wozu es gegeben ist, wenn man es sieht.

Was Maria intuitiv als den Willen Gottes erkennt, tut sie gleich, sie eilt zu Elisabeth. Das ist Eile, wie sie der Geist gibt. Tut man sogleich, was Gott will, empfängt man von ihm auch die Kraft, diesen Willen zu tun, man läßt sich nicht irremachen oder aufhalten, bis er erfüllt ist, und Gottes Freude geht mit. Läßt man umgekehrt erst alle möglichen Gegenargumente zu Wort kommen, die sich einstellen, wenn das Hängen am Bisherigen, wenn Bequemlichkeit oder Angst das Neue Gottes verhindern wollen, zögert man also mit dem Aufbruch, dem Wagnis, dann weicht die Kraft. Man muß die Segel setzen, wenn der Wind bläst, sonst kommt wieder Windstille. Man muß entbrennen, wenn Gottes Feuer zünden, sonst hat man das Feuer bald wieder mit der Asche seiner Kleingläubigkeit zugedeckt. Gott verfügt über uns, nicht wir über ihn, das läßt er uns erfahren. – Drei Kennzeichen eines Gehorsams im Heiligen Geist: gleich, freudig, ganz.

„Maria trat in das Haus des Zacharias und grüßte Elisabeth." Die Namen Zacharias und Elisabeth werden hier unterschieden, werden nacheinander genannt. Maria betritt das Haus des Zacharias. Zuerst öffnet sich ihr die äußere Tür dieses Bereichs. Auch um ein kleines palästinensisches Haus herum gibt es in der Regel einen Hof, und der ist von einer Mauer umgeben. Man klopft an die

Mauertür. Ein Mann öffnet, der Hausherr oder ein Knecht, nicht die Frau. Wenn einer etwas auszurichten oder zu überbringen hat, bleibt er unter einem Vordach im Hof. Elisabeth „hielt sich verborgen". Daß Maria nun dennoch zu ihr eingelassen wird, weist nicht nur darauf hin, daß man den ungewöhnlichen, drei Tagereisen weit herkommenden jungen Gast nicht sofort wieder gehen lassen mochte, es deutet wohl auch auf eine vorgängige Vertrautheit beider in der gemeinsamen Nahausrichtung auf den Messias hin, die einen kleinen Kreis von Frommen in Israel miteinander verband. So sieht man sie zu dieser Stunde als von Gottes Vorsehung geschickt.

„Und es geschah: als Elisabeth den Gruß Marias hörte, hüpfte das Kind in ihrem Schoß, und Elisabeth ward erfüllt von Heiligem Geist."

Maria tritt über die Schwelle und grüßt ihre Verwandte: „Shalom! – Friede dir!" Maria vibriert von Gott. Die Stimme ihres Grußes läßt den Gottesgeist auf Elisabeth übergreifen bis hin zum Kind in ihrem Schoß. Die Reihenfolge des Geschehens will beachtet sein. Das Kind, der Vorläufer des Messias, um dessentwillen Elisabeth Mutter wurde, wird zuerst erreicht, „hüpft auf vor Freude"; das bedeutet: Maria *und* Johannes sind im Spiel, wenn Elisabeth nun mit Heiligem Geist erfüllt und zur prophetischen Stimme für Maria wird.

„Sie rief mit lauter Stimme: Hochgelobt bist du unter den Frauen, und hochgelobt ist die Frucht deines Leibes. Woher geschieht mir dies, daß die Mutter meines Herrn zu mir kommt? Denn siehe, als die Stimme deines Grußes in mein Ohr drang, da hüpfte frohlockend das Kind in meinem Leib. Selig, die geglaubt haben, daß sich erfüllen werde, was ihr vom Herrn gesagt worden ist."

Maria hat eine Vollmacht vorwegnehmen dürfen, die Jesus dreißig Jahre später seinen Jüngern mit auf den Weg gibt: „Kommt ihr in ein Haus, und ihr sagt dort: Friede diesem Haus: wenn dort ein Kind des Friedens ist, so wird euer Friede auf ihm ruhen, wenn nicht, wird er zu euch zurückkehren" Lk 10, 5 f. Leider unterschlägt die neue Einheitsübersetzung die Wendung *euer* Friede. Da heißt es jetzt: „... so wird der Friede, den ihr ihm wünscht, auf ihm ruhen." Als ob eine Formel genügen würde, damit der Friede sich mitteilt. Nur der Friede, den der Jünger als Wirklichkeit in sich trägt, identisch mit dem Heiligen Geist, den Jesus ihm schenkte, teilt sich schon durch das bloße Grußwort dem mit, der ihn ersehnt. Wer selber vom Heiligen Geist erfüllt ist, kann ihn weitergeben. Jesus gibt seinen Jüngern keine liturgische Anweisung mit auf den Weg, sondern *die* Gabe Gottes, den Geist, und damit die Vollmacht zur Weitergabe einer Wirklichkeit, die sie selbst erfüllt. Wenn sie nicht mehr in ihnen lebt und sie nicht in ihr, richten sie nichts aus. *Wer* den Frieden entbietet, entscheidet also, nicht die Vokabel. Darum läßt das Evangelium Elisabeth ausdrücklich rufen: „Als die *Stimme* deines Grußes in mein Ohr drang". In der Stimme ist unverwechselbar die Person. Schon in der Stimme eines gotterfüllten Menschen, die das den Frieden entbietende Grußwort sagt, verleiblicht Geist sich so, daß sie ihn mitteilt – dem, der ihn ersehnt. Auch hier weicht die Einheitsübersetzung vom Urtext ab. Sie läßt „Stimme" weg wie auch das für solche Stimme geöffnete „Ohr", sie sagt nur: „als ich deinen Gruß hörte".

Elisabeth begrüßt Maria als „die Mutter ihres Herrn". Sie setzt den Gruß des Engels fort, wird in ekstatischer Freude jetzt ihrerseits Gottesbotin für den Gast. Durch sie bekommt Maria die Bestätigung der ihr gewiß schon von Gott geschenkten inneren Gewißheit, daß sie Mutter ist. Der Engel hatte ihr ja nicht gesagt, daß die Stunde der Verkündigung bereits auch die der beginnenden Menschwerdung sein werde. Elisabeths Gruß ist die Vollendung der Frohbotschaft an Maria. Damit ist der Augenblick für das Magnifikat gekommen, für den Lobgesang Israels und der Menschheit.

Es konnte keine freudigere Begegnung für die schwangere Elisabeth geben als die mit der hoffenden Maria. Nichts konnte sie tiefer bewegen als die durch Marias Gruß ihr geschenkte geistgewirkte Gewißheit: der Messias wird geboren. Von dieser Bewegung wird das Kind in ihrem Schoß mit ergriffen. So verwirklicht sich die Zacharias gegebene Verheißung, Heiliger Geist werde dieses Kind schon im Schoß der Mutter erfüllen.

Die Szene weitet sich zum heilsgeschichtlichen Symbol. Das Pochen des Kindes gegen die Bauchwand der Mutter (jede Schwangere kennt es) – das sind die Klopfzeichen eines Gefangenen drinnen, der draußen die Stimme des Freundes, des kommenden Befreiers hört: die Mutterschoßphase Israels ist zu Ende, jetzt soll es das Licht der Welt erblicken, den Messias, auf den hin es als Volk Gottes gezeugt wurde. Ein Jahrtausend lang wurde es im Gewahrsam des Gesetzes gehalten, in einzigartiger

Behütung durch Gott (inmitten von heidnischen Großvölkern), aber durch diese Jahrhunderte hindurch auch eingeübt im Erfahren seines immer neuen Versagens vor der göttlichen Weisung und in der Angewiesenheit auf Erbarmen und Rettung durch den Gott des Bundes, um so für den Tag seiner Bestimmung als messianisches Volk zu reifen und, wie Simeon sagt, „mit seinen Augen das Heil zu schauen", ihn, der Israels und aller Welt Sünde hinwegträgt und der das Gesetz Gottes fortan in die Herzen all derer schreiben wird, die Gottes Angesicht suchen. Israels Sehnsuchtsziel ist mit Jesu Kommen erreicht, das Reich Gottes beginnt, das Licht geht auf über denen, „die in Finsternis und Todesschatten sitzen"; das läßt den im Schoß Elisabeths Verborgenen vor Freude „tanzen", als durch Marias Gruß die Stimme des Erlösers zu ihm ins Dunkle dringt, damit er selbst, zur Welt geboren, die „Stimme des Rufenden in der Wüste" werde: „Bereitet den Weg des Herrn!"

Im vierten Evangelium gibt es die Entsprechung und Ergänzung zu dieser Szene: Der Täufer hört die „Stimme des Bräutigams". Ihm die Brautgemeinde Israel zuzuführen war seine Sendung, jetzt erst ist sie erfüllt: Jesus, der Messias, der die Braut heimholt, ist da, die Hochzeit bricht an, das Reich Gottes ist im Kommen.

Maria bleibt drei Monate bei Elisabeth, bis diese ihr Kind zur Welt bringt. Da die alte Frau ihre Schwangerschaft vor den Menschen verborgen hält, braucht sie den Dienst der jungen Verwandten. Bei der Feier der Beschneidung des Johannes wird Maria nicht mehr erwähnt. Die Zeit bis dahin ist für sie ein Geschenk der Stille im Hause dieser Frommen, die wie sie in der Naherwartung des Messias leben. Das Ereignis der Verkündigung legte Maria, wie gewiß kein früheres einem Menschen, das Verweilen vor Gott, aber auch den Austausch mit einer ihr auch innerlich Verwandten nahe.

Im vierten Monat wird Maria wieder nach Nazareth kommen. Sie muß es vorausgesehen haben, daß sich sehr bald dort alles gegen sie zusammenziehen wird, daß man sie am Brunnen stehen läßt und daß Joseph ihretwegen in ungeahnte Not gerät. Aber es gehört zu der Glaubensgnade, die ihr geschenkt ist, daß sie sich und alles Kommende Gott überläßt in einem Vertrauen, wie es in seiner einzigartigen Unbedingtheit neunzehn Jahrhunderte später etwa Charles de Foucauld zu betendem Ausdruck gebracht hat mit den Worten: „Mein Vater, ich überlasse mich dir; mach mit mir, was dir gefällt. Was du auch mit mir tun magst, ich danke dir. Zu allem bin ich bereit, alles nehme ich an. Wenn nur dein Wille sich an mir erfüllt und an allen deinen Geschöpfen ..."

5. Die „Stimme" bei Lukas und Johannes

Und es geschah, als Elisabeth den Gruß Marias hörte, hüpfte das Kind in ihrem Schoß, und Elisabeth ward erfüllt mit Heiligem Geist. Sie rief mit lauter Stimme und sagte: Du bist gebenedeit unter den Frauen, und gebenedeit ist die Frucht deines Leibes! Und woher kommt mir das, daß die Mutter meines Herrn zu mir kommt? Denn siehe, als die Stimme deines Grußes an mein Ohr drang, hüpfte das Kind vor Freude in meinem Schoß (Lk 1, 41–44).

Wer die Braut hat, ist der Bräutigam. Der Freund des Bräutigams, der (dabei) steht und ihn hört, freut sich herzlich über die Stimme des Bräutigams. Diese meine Freude ist (mir) vollends gewährt worden. Jener muß wachsen, aber ich muß abnehmen (Joh 3, 29–30).

Beide Texte sprechen von der Freude des Vorläufers und ihrem Grund: Der Kommende ist da, die messianische Hoch-Zeit beginnt (die Braut ist mit im Spiel). Ausgelöst aber wird die Freude in beiden Fällen von der „Stimme", bei Lukas der der Braut (Maria, die hier die Stelle der erwählten Brautgemeinde vertritt), bei Johannes der des Bräutigams, Christus. Heilswichtig bedeutsam kommt „Stimme" bei Lukas nur hier und in dem Jesaja-Zitat Lk 3, 4 vor. Elisabeth sagt zu Maria nicht: „Als dein Gruß an mein Ohr drang". Dann nämlich könnte man denken, es hätte einzig am Was des Grußes gelegen (den auch andere entbieten konnten), daß durch ihn die Freude kam. Grußformel gibt es auch abgelöst von Stimme. Bei der Stimme entscheidet, wer spricht. Maria als Christusträgerin ist in der Heimsuchungsgeschichte seine, des Messias Stimme, die Kirche präfigurierend. Daß diese Stimme in Elisabeths Ohr dringt und über die Mutter das Kind erreicht, geschieht aufgrund von gottgeschenkter Übereinstimmung des Angesprochenen und des Sprechenden, die sich genau entsprechen wie Erwartung und Erfüllung. Die Bedeutung solcher Übereinstimmung wird das Johannesevangelium dann thematisch weiter entfalten. Bei Johannes wird die Vokabel „Stimme" eines der Codeworte seines Evangeliums, das dann im nachhinein die lukanische Stelle, der sie sich wahrscheinlich verdankt, noch tiefer aufschlüsseln hilft (vgl. Joh 3,8; 18,37; 5,25.37). (Die Frage der Priorität eines inspirierten Textes vor dem andern erweist sich als relativ gegenüber einer Inspiration, die das Zeitgebundene eines Bibelwortes übersteigt und die ihn für den Glauben auf ein umfassenderes Offenbarungsganzes hin entgrenzt. Weil der Christ vom Offenbarungsganzen her kommt, ist er dahin gedrängt, biblische Texte womöglich von entsprechenden Kontexten her mitzuverstehen; denn in jedem Text geht es letztlich ums Ganze. Bibelworte erklären sich gegenseitig aufgrund von Konsonanz und durch ihren Sitz im Ganzen. Es ist jeweils etwas wie ein freudiges Wiedererkennen, wie eine Resonanz aus eigenstem Lebensgrund, wenn der Gläubige solche Konsonanz erspürt, entdeckt. Daß Bibelauslegung im tiefsten stimmt, ist den Gläubigen nur dann evident, wenn sie die „Stimmigkeit" der Offenbarung aufdeckt, statt sie zu verdecken.)

Das Wie der Stimme ist unablösbar vom Was der Offenbarung. Die Stimme Jesu beseelt der Geist, ihr Wie ist göttlich. Wen das Wie dieser Stimme erreicht, den hat auch das Was erreicht: nämlich, daß „Er es ist" (in dem und durch den Gott sich mitteilt). Das ganze Johannesevangelium kreist letztlich um diese Botschaft.

Stimme gibt es nicht abstrakt. Wort dagegen gibt es auch abgelöst von der Stimme, die das Wort anfangs prägte. In der Stimme Jesu ist das Wort (das im Anfang bei Gott war) inkarniert. Daher und seither gibt es authentisches Gotteswort, Frohbotschaft, nicht ohne seine Stimme. Als Stimme des Wortes, des Logos, ist Jesu Stimme heilstiftend und heilsverbindlich, denn sie ist Geistträger und geistmitteilend; denen, die sie ‚hören', teilt sie den Geist Jesu so mit, daß seine Stimme nun auch aus ihnen spricht, durch sie hindurch, wenn sie sein Wort weitersagen. Maria (= Ekklesia) ist Träger dieser Stimme, als sie Elisabeth grüßt mit dem Wort „Schalom – Friede dir!"

Wer aber hört seine Stimme? Wer mit ihr übereinstimmt durch Herkunft, durch innere Zugehörigkeit. Wie das Kind den Vater, die Mutter, den Ernährer, wie das Schaf den Hirten an der Stimme erkennt, so unterscheidet die Stimme der Wahrheit, wer „aus der Wahrheit ist" (Joh 18, 37), so hört die Stimme des Geistes, „wer aus dem Geist geboren ist" (Joh 3, 8), wer „von oben geboren ist" (Joh 3, 7).

Es bedarf nicht der Gelehrtheit, der Gnosis, des ethischen Hochstandes oder einer anderen Großartigkeit, um vom Herrn, vom Geist, von seiner Stimme erreicht zu werden; hier ist alles Mysterium, göttliche Initiative; wenn etwas sich gegen diese aufrichtet, ihr im Wege ist, dann Eigendünkel oder Anspruch. „Der Geist weht, wo er will, du hörst seine Stimme, aber du weißt nicht, woher er kommt und wohin er geht ..." In der gleichen Bedeutung begegnet uns dieses „Woher" in der Heimsuchungsgeschichte, als Ausdruck staunender Ergriffenheit vor dem göttlichen Geheimnis des Vorgangs: Elisabeth sagt zu Maria: „Woher kommt mir dies, daß die Mutter meines Herrn zu mir kommt?" Elisabeth hat die „Stimme" des Geistes im Gruß Marias vernommen, wird darüber ihrerseits „vom Geist erfüllt", verspürt und erkennt dessen Wirkung in ihrem Schoß: Das Kind – vom Herrn, vom Geist, von seiner Stimme erreicht – hüpft auf vor Freude. Darauf das ergriffene „Woher".

In Joh 10,3–5 und 10,27 verbindet der Evangelist das Motiv der Stimme mit dem des Hirten, das er wiederum nur mit Lukas gemeinsam hat (15,1–7), die anderen Synoptiker kennen es nicht.

„Meine Schafe hören meine Stimme, ich kenne sie, und sie folgen mir, weil sie meine Stimme kennen." Zur Sprache kommt auch hier wieder das ganz und gar personbezogene Moment des Glaubens, das vertrauende Zugehörigkeit und Geborgenheit beinhaltende Kennen und Wissen: „Er ist es." – Aus der Zuversicht, ihm zu gehören, in seiner Hand zu sein, gehen bei den Jüngern aber auch Bleiben bei ihm, Gehorsam, Nachfolge hervor. – Und die Abweisung der „Stimme des Fremden"! Johannes steht bereits in der Auseinandersetzung mit Verführern (gnostischen), die in der Gemeinde das Wort zu ergreifen versuchen. Aber ihre „Stimme" verrät sie als Fremde. Das „Wie" stimmt hier nicht. Es fehlt etwas Entscheidendes, der Urlaut seines Geistes – die Authentizität. Mag einer noch so bestechend Intelligentes oder den Ohren Schmeichelndes sagen – wenn es seine, des Hirten, Stimme nicht ist, so folgen ihr die nicht, die zu ihm, dem Hirten, gehören, ja sie fliehen die fremde Stimme, weil sie die Gefährlichkeit des Bemächtigers spüren: „Einem Fremden aber werden sie gewiß nicht folgen, sondern vor ihm fliehen, weil sie die Stimme des Fremden nicht kennen."

Die Unterscheidung der „Stimme" ist heute wichtiger als je gegenüber einem immer zunehmenden Gewirre von Argumenten und Parolen menschlicher Intelligenz, die die schlichte Wahrheit des Evangeliums bestreiten oder verdrängen. Wenn auch uns Christen nach und nach mehr am Wissen liegt (das Überlegenheit gibt) als an der Weisheit (die Verzicht auf eigene Überlegenheit ist), wenn uns das Was des Gesagten wichtiger wird als das Wer des Sagenden, dann ist das die versucherische Chance der von ihrem Urgrund losgelösten Intelligenz, des „Lügners von Anbeginn" (Joh 8,44). – Alles liegt jetzt an der Übereinstimmung mit der Stimme des Hirten. Sie fordert gegebenenfalls auch den Preis der Flucht vor der Stimme des Fremden (Joh 10,5), die Weigerung, ihm zuzuhören. Also nicht in jedem Fall Dialog!

Die synoptische Parallele zum johanneischen Hören auf die Stimme (aus Übereinstimmung) bildet die Mt 18,5 und andernorts geforderte Haltung des Kindes: Es nimmt das vom Vater, von der Mutter kommende Wort an und auf und gehorcht ihm vertrauend, weil die geliebte Stimme es zu ihm hinträgt, mit dieser Stimme stimmt sein Herz überein, in ihr ist sein Leben, ist Gewißheit vor allen Fragen und Gewähr, daß alle einmal richtig beantwortet werden. Wer diese Haltung dem Herrn des Evangeliums gegenüber bewahrt oder wiedergewinnt, ist gemeint in Jesu Wort Lk 10,21: „Ich preise dich, Vater, Herr des Himmels und der Erde, daß du dieses vor Weisen und Klugen verborgen, Kleinen aber geoffenbart hast."

6. Der fremde Gott

Zwei Fragen stehen sich im Evangelium vom zwölfjährigen Jesus gegenüber. Die eine kommt vom Menschen, die andere von Gott her. Die eine aus der Region des Kreuzes, die andere aus der der Auferstehung. Dabei ist die zweite die Antwort auf die erste.

Marias Frage ist verständlich. Jesu Antwort dagegen befremdet, wenn man auf der menschlichen Ebene bleibt. Jesu Eltern haben sie damals nicht verstanden. Sie blieben zunächst wie eingeschlossen in die Unbegreiflichkeit eines Erlebens, das an die Fundamente nicht nur ihres menschlichen Verhältnisses zu Jesus, sondern auch ihres bisherigen Messiasbildes gingen. Das Handeln des Zwölfjährigen machte sie fassungslos wie alle göttlichen Epiphanien, die uns Gott anders zeigen, als wir Menschen es erwarten. – Daß Jesus sie durch drei Tage der Not des Suchens nach ihm überließ, schien dem Gehorsam und der Liebe zu widersprechen, die er ihnen schuldete. Marias Frage ist Aufschrei nach einer Erklärung: „Kind, warum hast du uns das getan? Dein Vater und ich haben dich mit Schmerzen gesucht!"

In dem Augenblick, da in Jesus das göttliche Geheimnis hervortritt, wird er fremd, anders, fordert er die Ebene des reinen Glaubens. Gott erspart auch Maria nicht die Erfahrung, daß er für nur menschliches Verstehen der Unbegreifliche ist, so daß nichts anderes bleibt als Fragen.

In die Nacht der Frage: „Bist du es wirklich ...?"

mündet später auch das Leben Johannes' des Täufers, der vorher doch „Zeuge des Lichtes" war (Joh 1,7). Jesu eigenes letztes Wort am Kreuz wird eine Frage sein: „Mein Gott, mein Gott, warum hast du mich verlassen?" Nähe zu ihm ist auch Teilhabe an ihm. Marias Frage im Tempel hat mit der des Gekreuzigten Ähnlichkeit. „Warum hast du uns das getan?" bedeutete ja auch: „Warum hast du uns verlassen?"

„Deine Seele aber wird ein Schwert durchdringen", so lautete Simeons Weissagung, die bei Lukas sicher nicht zufällig dem Evangelium vom zwölfjährigen Jesus unmittelbar voraufgeht.

Aber auch von Auferstehung sprach Simeon. In dem drei Tagen währenden Suchen der Eltern nach Jesus und seinem Wiederfinden „in dem, was des Vaters ist", wird das Mysterium von Kreuz und Auferstehung vorverkündet. Wie Marias Frage aus der Region des Kreuzes, so kommt Jesu Antwort aus der „Herrlichkeit" seines Wohnens in Gott. Daß die Antwort einfach eine Gegenfrage ist, scheint die Fremdheit, in die Jesus entrückt ist, zunächst zu vertiefen. „Kind", so beginnt Maria ihre Frage an den Wiedergefundenen – mit dem Recht der natürlichen Mutter. Er erwidert die Anrede nicht mit dem entsprechenden „Mutter". Seine Gegenfrage geht an ihrem Schmerz vorüber wie an etwas Grundlosem, das noch Vorwurf verdient. Ihre Frage hatte ein natürliches menschliches Recht, er fragt nach ihrem Glauben. Seit der Verkündigung weiß sie doch, woher er kommt und wo er sein innerstes Zuhause hat.

„Sie verstanden nicht, was er sagen wollte" – noch fehlt den schmerzlich Betroffenen das Begreifen. Aber dann heißt es weiter: „Und seine Mutter bewahrte alle diese Worte in ihrem Herzen" – im Herzen, also nicht nur im Gedächtnis, sondern in der Mitte ihrer Person, wo alle Worte Gottes den treffen, der sich vorbehaltlos dem Herrn anheimgegeben hat. Glaube bewährt sich darin, daß er Gottes Wege und Wort annimmt, ohne gleich zu verstehen, daß er warten kann, bis da ein göttliches Samenkorn aufgeht und offenbar wird, was es enthielt.

7. Nazareth

Die Erstlingsgabe

Jesus lebt von der Liebe des Vaters her und in der Liebe zum Vater. In dieser Liebe, beider Lebenshauch, sind sie wesenseins.

Der Vater „zieht" (Joh 6,44) Menschen zu ihm, seine Liebe „gibt" (Joh 6,37.39) sie ihm, der Vater öffnet ihr Innerstes für ihn, damit sein Wesen sich ihnen erschließe, sich ihnen mitteile und er sich so in ihnen „verherrliche". „Verherrlichen" ist die johanneische Vokabel für das Durchdringen göttlichen Wesens und Willens im Menschen, der so in und durch und mit Christus ein Liebender wird, in dem Christus Gestalt angenommen hat, „Licht der Welt" durch Christus, wie der menschgewordene Sohn es vom Vater her ist. – Indem Jesus sich Menschen offenbart, sie liebt, ihnen seinen Sohnesgeist gibt, schenkt er sie dem Vater, so daß sie mit ihm rufen: „Abba, Vater!"

Der erste dieser Menschen, das erste Geschenk, das der Vater dem Sohn macht, ist Maria. Alles Erste hat in der Ordnung der Schöpfung und Erlösung einen besonderen Glanz, weil es auf den Ersten über allen verweist. Gott will darum, daß sein Volk ihm die „Erstlinge" darbringe, jeweils das makellos Schönste von den Gewächsen der Erde. Wie viel mehr wird er selbst dem Sohn zur Menschwerdung als Erstlingsgabe das schönste seiner Menschengeschöpfe ersehen, Maria, damit er sich in ihr als erster verherrliche. Jesus wiederum verherrlicht durch sie als Erstling aller durch ihn erlösten Geschöpfe den Vater im Himmel, indem er sich ihr wie keinem anderen Wesen offenbart; sie ist sein Erstlingsgeschenk an den Vater und an uns.

Von daher lichten sich uns die dreißig verborgenen Jahre Jesu in Nazareth. Maria ist der Mensch, der diese Jahre mit ihm teilt, der alle Wesenszüge seines Verhaltens vom Kind bis zum Mann im Glauben wahrnimmt, sich von ihnen prägen läßt und so ihm gleichförmig wird wie niemand sonst. Wüßten wir von Jesu Nazarethzeit nichts weiter, als daß Maria ihre schönste Frucht war, es genügte uns.

Die verborgenen Jahre Jesu

Die Geschichte des zwölfjährigen Jesus enthält eine erste Epiphanie seiner Herrlichkeit. Die Eltern suchen ihn, die Mutter fragt ihn, warum er ihnen das antue, er sagt ihnen, wo er sein Zuhause hat: „in dem, was des Vaters ist" – sein erstes Wort im Evangelium des Lukas.

(Ein Bogen geht von diesem Text hin zu Joh 1,35ff. Hier, dreißig Jahre später, ist Jesus der erste, der fragt und der so das Suchen nach ihm wie das Finden initiiert. Vom Täufer Johannes her kommen zwei Jünger. Sie gehen hinter Jesus her. Er „sieht" sie, und er fragt: „Was sucht ihr?" – Sie: „Meister, wo wohnst du?" Jesus: „Kommt und seht!" Da kamen sie und sahen, „wo er wohnte". – Wo wohnte er? „In dem, was des Vaters ist". „Sie sahen seine Herrlichkeit als des Eingeborenen vom Vater voll der Gnade und Wahrheit" [Joh 1,14]. Daß sie die „Herrlichkeit" *sahen,* daß Jesu Wesen ihnen aufleuchtete, geht hervor aus ihrem sofort daraus folgenden Suchen und Finden ihrer Brüder mit dem Ausruf: „Wir haben den Messias gefunden!")

Maria „sah" dieses Licht schon bei der Verkündigung, sie glaubte, was der Engel ihr vom Herrn sagte. Jetzt, in Jerusalem „findet" sie Jesus, ohne ihn zu verstehen, weil ihre natürliche mütterliche Nähe und ihre menschliche Sorge um ihn sie zum Suchen bringt, nicht ihr Glaube. So ist sie auch die erste, die ihn beim Finden im Tempel fragt; sie fragt von sich aus, nicht von ihm her.

Maria steht in einem umgekehrten Lernprozeß wie Jesus in der Nazarethzeit. Er, göttlichen Wesens, muß in den Bedingungen seiner damaligen Umwelt, in Nazareth, unter Leiden das Menschliche lernen (vgl. Hebr 5,8); sie, menschlichen Wesens, unter Schmerzen das Göttliche in seiner verborgenen irdischen Gestalt. Aber Maria ist wie Jesus zum Lernen bereit. Sie versteht zwar in Jerusalem nicht, was er sagt; aber aus Glauben behält sie seine Worte in ihrem Herzen, auf späteres Verstehen aus Glauben hin.

„Und er zog mit ihnen hinab und kam nach Nazareth und war ihnen untertan." Wie im Hymnus des Philipperbriefs (2,6–9) ist dieser Satz verborgener Hinweis auf Jesu Abstieg aus der Gottessphäre in Niedrigkeit und Gehorsam bis zum Tod, was aus dem eigens betonten (da vom Zusammenhang nicht geforderten) „und kam nach Nazareth" hervorgeht. Denn Nazareth ist die Stadt, die achtzehn Jahre danach Jesus zu töten versucht. Das Endresultat seiner verborgenen Jahre dort präludiert Golgotha, aber auch Ostern, da es an dieser Stelle weiter heißt: „er aber schritt mitten durch sie hindurch" (Lk 4,30). Präludium mortis et resurrectionis.

„Und er war ihnen untertan." Das besagt: er lebte wie sie und mit ihnen „unter dem Gesetz" (vgl. Gal 4,6f.).

Das Gesetz bestand nach rabbinischer Zählung aus 248 Geboten und 365 Verboten – „lauter Knoten im Taschentuch, damit wir Gott und den Bund nicht vergessen", so ein Rabbiner – es war ein Gesamtwerk von Lebensregelungen für das kleine Israel, es sonderte dieses Volk unter den heidnischen Großvölkern aus, es zog gleichsam einen Zaun um es, es hielt den Gedanken an seinen Gott in ihm wach, es diente dem Mit- und Füreinander der Israeliten auf ihre messianische Zukunft und Sendung zu allen Weltvölkern hin. Jesus hat diese „Knoten" gewiß voll Liebe mitgeknüpft, auf eine Weise freilich, daß das für ihn immer gegenwärtige Hauptgebot der Liebe Gottes über alles und des Nächsten darin durchleuchtete.

Der bei Lukas folgende Satz „Und Jesus nahm zu an

Alter, Weisheit und Wohlgefallen bei Gott und Menschen" erwähnt eigens, daß dieses zu Gott hin aufwachsende „Reis aus der Wurzel Jesse" nicht nur das Wohlgefallen seines Vaters im Himmel, sondern auch das von Menschen fand, wobei gewiß die gemeint sind, die damals wie heute in erlittener Finsternis Licht ersehnten; diese Sehnsucht wird durch ihn, der es verborgen war, brennend geworden sein.

Gleichzeitig mit Jesus wächst in Johannes, dem kommenden Täufer, der Mensch heran, der in der Erwartung des Messias mit seiner ganzen Existenz das Nein zu dem sündig-selbstischen Bisher seiner Zeitgenossen ausrufen wird. – Jesus wird umgekehrt in seinem Wesen und Verhalten auf allen Stufen seines Werdens immer schon jenes göttlich lichte Ja zum Menschen gewesen sein, das größere Macht der Bekehrung hat als aller Bußruf.

Aber zugleich mit dem „Wohlgefallen", das Jesus bei Menschen findet, die aus Finsternis nach Licht verlangen, wird bei den vielen anderen, für deren Herzen Bekehrung und kommendes Reich Gottes ferne und gleichgültige Vokabeln bleiben, das Ärgernis an ihm gewachsen sein. Denn so anders ist Jesus, so sehr wird er in seiner Unschuld, Lauterkeit, Wahrheit, Reinheit, Gerechtigkeit, seiner inneren Hoheit gewiß schon als Kind die Menschen seiner Umgebung betroffen gemacht und in Frage gestellt haben, daß er zur Alternative wurde: Man mußte sich selber ändern oder ihn sich aus den Augen schaffen. Daß Nazareth ihn zu ermorden sucht, als er nach seiner Taufe im Jordan am Sabbat in der Synagoge einen prophetischen Jesajatext auf sich selbst bezieht, ist nur erklärbar als Ausdruck einer durch Jahrzehnte hin gestauten Aggression.

Zuerst freilich löst er mit seiner Predigt unwillkürliches Staunen aus, denn „er redet wie einer, der Vollmacht hat, und nicht wie die Schriftgelehrten und Pharisäer", dieser göttlichen Macht kann sich niemand entziehen, sie ist „Schwert. das unwiderstehlich bis auf den Grund dringt" (Hebr 4,12); aber dann steckt man die Köpfe zusammen, vergewissert sich gegenseitig, daß er ja niemand anders ist als der Zimmermannssohn, also Gott lästert. Das ist endlich Signal für seine Beseitigung.

Wenn vom Gehorsam Jesu im Neuen Testament die Rede ist, dann immer in Verbindung mit Leiden und Tod (vgl. Phil 2,6–9; Hebr 5,8 – „Gehorsam lernen durch Leiden").

Nazareth war die erste Phase der Gehorsams-Lernzeit Jesu. Nur zu ahnen ist, was schon das Kind Jesus an Spott, Zurücksetzung, Bosheit, Heimtücke erfuhr, da es so anders war. – In immer neuen Leidenserfahrungen hatte Jesus zu lernen, daß die grenzenlose Liebe, die sein Wesen ist, auf Grenzen stößt, die Menschen ihr ziehen wollen mit ihrem Mißtrauen, ihren Eigen- und Gruppeninteressen, ihrer Angst voreinander und vor Gott, ihrem Sicherheitsbedürfnis, ihrem Machtanspruch und ihrer Berufung auf Buchstaben. Jesu Leben wird ein einziges Geheimnis der Entgrenzung dieser Grenzen im Heiligen Geist, im Gehorsam gegenüber der Urliebe werden. Er wird Grenzen nie überschreiten, es sei denn, daß die Liebe es fordert. Aber er wird der grenzenlosen Liebe auch nie untreu werden, und dieser Gehorsam wird ihn

Leiden und am Ende den Tod kosten. Nazareth ist der verborgene Beginn der Passion.

Die verborgenen Jahre Jesu sind zweifellos in die Bergpredigtweisungen Jesu mit eingegangen. Er hatte sie in ihren leidvollen Konsequenzen selbst zu leben, bevor er sie ausrief.

Von seinem eigenen „Lernen" geht er aus, wenn er all denen, die am Leben wie an einer Last zu tragen haben, zuruft: „Lernt von mir, denn ich bin sanftmütig und demütig von Herzen", das heißt standhaft in einer Liebe, die sich nicht erbittern läßt, die immer wieder alles auf sich nimmt, alles hofft, allem liebend standhält – und die bereit ist, alles ihr Begegnende in Dienst der Liebe umzumünzen. Wenn man Jünger, Schüler Jesu sein möchte – der ganze Lernstoff birgt sich in diesem Wort (Mt 11,29).

Das Endresultat der Nazarethjahre Jesu präludiert das seines öffentlichen Lebens. Aber es gibt noch ein anderes Ergebnis dieser verborgenen Jahre, eines, das für den Glauben auch auf die Frage antwortet, warum Jesus nicht schon mit achtzehn, mit zwanzig Jahren seine Vaterstadt Nazareth verließ, um (wie der Zwölfjährige damals die Schriftgelehrten im Tempel „mit seinen Einsichten und Antworten") ganz Israel in Staunen zu versetzen und auf den Weg der Wahrheit zu bringen. Da war in Nazareth ein Mensch, der ihm nach dem Willen seines Vaters die dreißig Jahre wert war und für den er keines dieser Jahre auslassen durfte: seine Mutter Maria. Sie war Gottes erstes Geschenk an ihn in seiner Menschwerdung, und als Erstling sein schönstes, am Ende wird es sein letztes an den Vater und an uns werden.

Für Maria war es von Gott vorgesehen, daß sie als einziger Mensch den Messias Jesus in allen Phasen und Zeiten seines Werdens und in allen Weisen seines Verhaltens sah und erlebte, das Kind, den Knaben, den Jüngling, den Mann. Was wir zuinnerst im Auge haben, das formt uns, das prägt uns. Wir werden, was wir schauen. Im gläubigen Hinblick auf Jesus wird Maria ihm von Jahr zu Jahr ähnlicher. Wie er ihr ähnlich ist durch die Geburt, so wird sie ihm ähnlich als dem Sohn Gottes. Wie er in ihrem Blick lebt, so sie im Strahlbereich des seinen. Wie wir gesehen werden von einem geliebten und uns liebenden Menschen, das hat entscheidende Bedeutung für die Entfaltung unseres innersten Wesens. Der Liebende sieht den anderen auf sein Eigentliches und Schönstes hin. Für Maria waren die Nazarethjahre Vorbereitung für die Vollendung zu der Gleichförmigkeit mit Jesus, die die Kinder Gottes im Glauben an ihr wahrnehmen. Dreißig Jahre verwandte Jesus darauf, ihr Herz und ihr Wesen für das kommende Reich Gottes zu weiten und damit für die Fragen, Nöte, Leiden, Ängste und Hoffnungen der Armen aller Völker, die Gottes Angesicht und Gottes Erbarmen suchen die Weltzeit hindurch. Jesus wollte Maria beteiligen können – als Fürbitterin, als Trösterin, als Geduld und Zuversicht Weckende – am Kommen des Reiches Gottes. Gott hat für uns nicht nur eine natürliche Mutter vorgesehen, sondern auch eine Mutter im Glauben, deren ganzes Zuhause Gott und deren ganzes Wesen Nähe zu Christus und Hinweis auf ihn ist. Seit es eine Kirche gibt, hat das Geschenk Maria unzählige „Kleine“ im Sinne des Evangeliums beglückt, im Glauben- und Vertrauenkönnen gestärkt. Jesus selbst hat die Beziehung zu ihr gestiftet mit seinem Vermächtniswort: „Siehe da deine Mutter." Unmittelbar ist dieses Wort dem „Jünger" gesagt, „den er liebhat"; dieser Jünger ist im vierten Evangelium die nächst Maria am meisten in das Verborgene Gottes hinein entrückte Gestalt; bevor er so heißt, ist er „der, den Jesus liebthat" der Freund; noch nicht der „Jünger"; durch seinen Lazarustod stirbt er im Glauben an Jesus alles weg, und in seinem Lazarusgrab läßt er alles zurück, was noch nicht Jünger Jesu war, von da an heißt er „*Jünger,* den Jesus liebhat"; als solcher ruht er im Abendmahlssaal im Schoße Jesu, ähnlich wie Jesus selbst im Schoße des Vaters und wie der Lazarus der Parabel durch seinen Armutstod hindurch im Schoße Abrahams. Unter dem Kreuz vertritt er nun aller Jüngerschaft Stelle. Das Wort Jesu „Siehe da deine Mutter" gilt dann allen Jüngern und Jüngerinnen, die Weltzeit hindurch.

Im Ave-Maria ruft der katholische Christ sie an mit den Worten: „Bitte für uns Sünder jetzt und in der Stunde unseres Todes." Nächst Jesus, der *in* uns ist, möchten wir sie ganz nah *bei* uns haben, wenn wir sterben, so wie sie bei Jesus war, als er starb. – Auf einem Fragebogen von Marcel Proust, den eine große Tageszeitung einmal die Woche erscheinen läßt, werden berühmte Leute jeder Weltanschauung unter anderem auch nach einer Frau unserer Zeit gefragt, die sie wie eine Heldin bewundern oder verehren. Die allermeisten nennen eine Frau in Indien, Mutter Teresa, die Sterbenden beisteht. Es kommt wohl aus der Tiefe des Unbewußten und des Gewissens, daß wir uns mit solchen armen Gestalten in ihren Extremsituationen identifizieren – und eine Frau, die ihnen ihr Leben widmet, bewundernd verehren. Wir ahnen unser absolutes Angewiesensein auf ein Antlitz der erbarmenden Liebe, das sich, wenn es ums Sterben geht, ähnlich über uns neigt wie bei unserer Geburt das der Mutter – ähnlich, und doch wieder anders; denn die Mutter, aus deren Schoß wir hervorgingen, barg uns bei sich selbst; die Mutter, die wir beim Sterben brauchen, soll uns mit ihrem uns ganz umfangenden Erbarmen in Gott hineinbergen; darum im Mariengruß immer wieder die Wendung: „und in der Stunde unseres Todes".

8. Die Hochzeit zu Kana

Sein erstes Wunder wirkte Jesus auf einem Fest, der Hochzeit zu Kana. Zuerst sprengt er durch sein Kommen mit den fünf Gefährten die engen Maße dieses Festes, für eine kleine Weile will es scheinen, die unerwartete Gästefülle setze der Freude dieser kleinen Leute ein vorzeitiges Ende – der Wein droht auszugehen! Dann aber weitet er das Fest aus zu einem Vorverkosten des endzeitlichen Festes: Er schenkt die Fülle der Freude, der irdischen und himmlischen Gabe, „er offenbart seine Herrlichkeit, und seine Jünger glauben an ihn" (Joh 2,11). Das bedeutet: Gott selbst beginnt nun, sich den Menschen zu schenken im Heiligen Geist – die Verwandlung und Verklärung der Welt hebt an.

Symbol und Wirklichkeit in den johanneischen Zeichen

Die Geschichte der Hochzeit zu Kana wird vom vierten Evangelisten so berichtet, daß gleich von der ersten Zeile ab – die bereits Verweis auf den „dritten Tag" der Auferstehung ist – eine tiefere Bedeutung der Erzählung für den Glauben erkennbar wird: Sie ist Symbol, das Heilsganze kommt in ihr zur Darstellung und Verkündigung, Gottes Vorhaben mit Israel und der Welt, der Neue Bund.

Gleichzeitig liegt dem Evangelium aber daran, zu verdeutlichen – das gilt für alle sieben Zeichenberichte seines Evangeliums –, daß die erzählte Geschichte nicht etwa nur literarisches Gleichnis höherer Vorgänge sein will, sondern durch wirkliches Geschehen in dieser Welt und Zeit gedeckt ist. Der vertikale göttliche Eingriff in diese irdische Welt, wie er aufgrund des Glaubens real erfahren wird, gehört für Johannes wesentlich zum Christusmysterium. Nicht zufällig ist die logische Dichte der Zusammenhänge gerade im erzählerischen Detail der Wunderberichte bei keinem Evangelisten so auffallend und beeindruckend wie bei ihm. Andererseits begreift man von diesen „Zeichen" das Eigentliche nicht, wenn man sie wie Protokolle oder Reportagen liest, so wenig, wie man die tiefere Wirklichkeitsaussage eines Bildes von Rembrandt oder Claude Lorrain verstünde, wollte man darin so etwas wie eine (an photographischen Regeln gemessen) nur schlecht gelungene naturalistische Wiedergabe einer Landschaft oder eines Szenariums sehen.

Die Ereignisse auf der Hochzeit zu Kana

Wir gehen nun zuerst auf die Geschehensfolge der Ereignisse der Hochzeit zu Kana ein, wie sie der schlichte Leser zur Kenntnis nimmt, dann auf ihre theologische Bedeutung. „Und am dritten Tag war eine Hochzeit zu Kana in Galiläa, und die Mutter Jesu war dort."

Welcher dritte Tag ist gemeint? Voraus geht die Erwählung der ersten fünf Jünger Jesu in Judäa am Jordan. Von dort bis Kana sind es genau drei Tagereisen. „Jesus aber und seine Jünger wurden auf diese Hochzeit geladen."

Da man von Jüngern Jesu vor seinem Eintreffen in Kana noch nichts wußte, kann die Einladung an ihn mitsamt den fünf Gefährten erst jetzt, bei ihrem Daherkommen, ergangen sein; sie war wohl als unverbindliche Geste gemeint; Freunde, die ein Freund mitbringt, will man nicht ausschließen. Daß die ganze Schar sich dann auch nicht lange nötigen läßt, ohne daß sie mit dem üblichen, nach orientalischer Sitte den Wert der Gasterei womöglich noch übertreffenden Hochzeitsgeschenk hätte aufwarten können, sprengt die gastlichen Möglichkeiten dieser kleinen Leute, wirkt zweifellos wie ein unverständlicher und bedrohlicher Einbruch in den bescheidenen Rahmen der Hochzeit und führt notwendig auch das vorzeitige Ausgehen des Weinvorrates herbei. Dem Leeren der Becher – jeweils nach den rituellen Trinksprüchen – konnte sich keiner der Hochzeitsgäste entziehen.

Um das Folgende zu verstehen, hat man zu bedenken, daß die Mutter Jesu, wie bisher niemand sonst, eingeweiht war in Wesen und Sendung ihres Sohnes. (Der vierte Evangelist ist, wie noch viele andere Stellen seiner Schrift erkennen lassen, mit der hinter dem Lukasevangelium stehenden Tradition vertraut, also auch mit der Verkündigungsgeschichte.) Maria kannte Jesus im Glauben und durch die Erfahrung dreißigjährigen Umgangs als den, der nicht in die Welt gekommen war, um ihre Freuden bedenkenlos auszunützen, sondern um ihr die messianische Freude zu bringen. Seit seinem Aufbruch zum Jordan aber wußte sie um den eigentlichen Antritt seiner Sendung: daß er nun nicht mehr der „Zimmermannssohn" war, sondern wie es die Geschichte des Zwölfjährigen vorausverkündet hatte, der Offenbarer Gottes als seines Vaters. Daß Jesu unerwartetes Kommen und Bleiben auf der Hochzeit mitsamt den Jüngern im Zusammenhang mit der Sendung stand, mußte ihr Erwarten sein, gerade weil es in solcher Zahl ein Widerspruch zu den armen Verhältnissen der Hochzeit war. Die Verlegenheit, die es alsbald herbeiführte, konnte diese Erwartung nur intensivieren. Wenn Jesus selbst eine Leere schafft, so kann das nur sein, weil er eine um so größere Fülle schenken will.

Da die Einladung an ihn und die fünf Freunde gewiß nicht ohne Rücksicht auf Maria geschehen war, machte sie sich nun zur Sprecherin der beginnenden Peinlichkeit: „Sie haben keinen Wein." Dieses Wort und was sich an Glaube und Vertrauen in ihm barg, waren Hohlform für eine entsprechende Erfüllung.

„Jesus spricht zu ihr: Weib, was habe ich mit dir zu schaffen? Meine Stunde ist noch nicht gekommen."

In dieser Antwort – johanneische Entsprechung zu der

des Zwölfjährigen bei Lukas! – verdeutlicht Jesus sein Anderssein als der Eingeborene des Vaters. Er distanziert sich von Fleisch und Blut und von jedem Anspruch auf ihn, der sich etwa aus diesem Bereich erheben könnte. Gerade so aber mußte er Marias Hoffnung auf das Offenbarwerden des Offenbarers bestärken. Denn in der Tat, an diesen hatte sich ja ihr Glaube gewandt, an seine Abkunft „von oben", nicht von ihr. Und als habe sie nicht Abweisung, sondern Ermutigung erfahren, fährt sie fort, zu den Dienern gewandt: „Was immer er euch sagt, das tut!"

Eine synoptische Entsprechung

Es gibt einen parallelen Vorgang bei den Synoptikern, die Geschichte vom kanaanitischen Weib (Mt 15,21–28; Mk 7,24–30). – Daß Jesus den Bitten dieser Heidin gegenüber die höhere Ordnung geltend macht, in der er steht und der er zu gehorchen hat – „Ich bin nur gesandt zu den verlorenen Schafen des Hauses Israel" (von wem?, von Gott!) –, verstärkt in der Frau das Vertrauen, daß er sie erhören müsse. Diesem „Nur" und dem dann noch abweisender klingenden Hinweis auf die Hunde, denen man das Brot der Söhne nicht vorwerfen würde, hält ihr Glaube stand. Denn was besagt solches „Nur" und die Grenze, die es aufrichtet, wenn eine Not, die Menschen nicht wenden können, Gottes grenzenlose Rettermacht braucht und es Gott doch ist, der ihn sendet? Und was bedeutet dieses Wort von den Hunden angesichts der überbordenden

Güte und Größe eines Gottes, der seinen Kindern den Tisch so deckt, daß auch für ihre Hündlein noch etwas abfällt? – „Weib, dein Glaube ist groß; dir geschehe, wie du willst!", so erwidert Jesus der Kanaaniterin. Und die Tochter wird geheilt „von dieser Stunde an".

Zwischen dem kanaanitischen Weib und der zu Kana als „Weib" angeredeten Mutter Jesu besteht Übereinstimmung im Entscheidenden: Beide haben den Glauben, der vom Vater ist (siehe Mt 16, 17); beider Glaube ist dem Geheimnis der Sendung Jesu als des Offenbarers der grenzenlosen Liebe Gottes gewachsen, beider Glaube hat darum auslösende und entgrenzende Bedeutung für diese Offenbarung in unsere Welt und Zeit hinein.

Marias Glaube bewirkt, daß die dem Wirken Jesu vom Vater zunächst gesetzte Zeitgrenze fällt, daß das Nochnicht „seiner" Stunde zum Jetzt werden kann.

Die kommende „Stunde" Jesu ist die uns erlösende seiner Erhöhung am Kreuz, wo aus seiner Seite Blut und Wasser hervorgehen: dieses sich im Tode verströmende Leben Jesu und die den Neuen Bund begründende, die Menschheit rettende und verklärende Geistausgießung sind in sich *ein* Geschehen – für alle, die glauben. Glaube und Heiliger Geist verhalten sich wie der Krug zur Quelle; der Glaube bringt diesen Quell, den Geist, zum Strömen und fängt ihn auf; Glaube ist aber schon dieser Quelle verdankt; daß einer glaubt, ist bereits Auswirkung und Vorgriff der „Stunde" Jesu: diese Stunde macht sich geltend, greift aus, bricht an, wenn einer an ihn als den Offenbarer Gottes glaubt.

Der Glaube der Kanaaniterin beseitigt die Raumgrenze, die Jesu Wirken im Gehorsam gegen den Vater bis dahin auf Israel einschränkte; diese Heidin wird zur Repräsentantin der kommenden Heidenkirche, erstmals kündet sich an, daß Jesu Erhöhung die Heils„stunde" nicht nur für Israel, sondern für die ganze Welt ist.

Daß der Evangelist zwischen der Rolle Marias auf der Hochzeit zu Kana und der der Kanaaniterin einen Zusammenhang sieht – beider Glaube sprengt Grenzen, die bis dahin der noch begrenzte Glaube der Menschen dem grenzenlosen Erlöserwirken Gottes entgegensetzte –, unterstreicht er durch die Konsonanz der Namen: die als Weib angeredete Mutter in Kana und das kanaanitische Weib sollen als Schwestern im Glauben erwiesen werden. Auch an anderen Stellen greift das Johannesevangelium synoptische Namen auf, um sie in einem tieferen theologischen Zusammenhang wiederkehren zu lassen (Joh 11,1–16; 12,1 ff.; 20,1–18).

Maria und die Diener

„Seine Mutter sagt zu den Dienern: Was er euch sagt, das tut!" Marias Glaubenszuversicht hat jetzt mit aufzukommen für alles weitere Geschehende und alle daran Mitbeteiligten, bis auch diese zum Glauben gebracht sind. Sie setzt ihren menschlichen Kredit bei den Aufwärtern ein, damit diese nun auch vor einer ungewöhnlichen Weisung Jesu nicht in der Dienstbereitschaft versagen.

„Es waren aber dort sechs steinerne Wasserkrüge aufgestellt, gemäß dem Reinigungsbrauch der Juden, die je zwei bis drei Maß faßten" (siebzig bis achtzig Liter). „Jesus sagte zu ihnen: Füllet die Krüge mit Wasser!"

Sechs Krüge dieses Umfangs mit insgesamt vier- bis fünfhundert Liter Wasser füllen – wie sollte das gehen? Wasserhähne gab es damals in Dorfhäusern noch nicht. Man mußte die Krüge, wohl je zwei auf einmal, mit Eseln zum Dorfbrunnen befördern, der vielleicht eine Viertelstunde weit entfernt lag. Welche Prozedur! Und das auf einer Hochzeit! – Im nachhinein wird deutlich, wie Maria intuitiv das Richtige traf, als sie mit ihrem Bereitschaft weckenden Wort einer möglichen Weigerung der Hochzeitshelfer vorbeugte.

„Und sie füllten sie bis zum Rand."

Man merkt: Der Geist Gottes in Jesu und Marias Wort greift auf die Diener über. Daß einer – sei es auch unwillkürlich – unter seinen Antrieb gekommen ist, erweist sich an drei Kennzeichen: Man tut gleich, freudig und ganz, was er will.

„Darauf sprach Jesus: Schöpfet nun und bringt es dem Speisemeister. Sie brachten es. Der Speisemeister verkostete das Wasser, das zu Wein verwandelt war. Er wußte nicht, woher dieser gekommen sei. Die Diener, die das Wasser geschöpft hatten, wußten es."

Man denkt hinüber an Joh 4, 10: „Wenn du die Gabe Gottes kenntest und wüßtest, wer der ist, der zu dir spricht ... so hättest du ihn wohl gebeten, und er hätte dir lebendiges Wasser gereicht."

„Da rief der Speisemeister dem Bräutigam zu: Jedermann setzt zuerst den guten Wein vor, und dann, wenn man genug getrunken hat, den geringeren. Du aber hast den guten Wein bis jetzt aufbewahrt."

Der Speisemeister, verantwortlich für das Ritual der

Speisen- und Getränkefolge, will nichts auf sich kommen lassen und verwahrt sich gegen das unerwartete Auftauchen und Kredenzen eines guten Weines gegen Ende der Hochzeit. So wird er zum unverdächtigen Zeugen der Wirklichkeit des Geschehenen (und zum Bild jener Gesetzeswächter in Israel, denen die Zeichen, die Jesus wirkt – und die sich gegen ihr Verständnis von Gesetz richten –, so sehr zum Ärgernis sind, daß sie seinen Tod beschließen, und die gerade dadurch zu „amtlichen" Zeugen dieser Wunder und ihrer Echtheit wurden).

Sechs steinerne Wasserkrüge voll guten Weins – entsprechend den sechs unerwarteten Gästen, die anfangs mit leeren Händen zu kommen schienen. Welch königliches Hochzeitsgeschenk am Ende! Man wird diesen Wein zum großen Teil in Ziegenlederbeutel gefüllt haben, die man sich ringsum in der Nachbarschaft auslieh; denn das war ja Weinvorrat für ein Jahr! Eine äußerst wertvolle Ergänzung der kargen täglichen Nahrung dieser kleinen Leute.

Wie Jesus es lohnt, wenn man ihn aufnimmt

Man könnte ein Buch schreiben mit dem Titel: „Wie Jesus es lohnt, wenn man ihn aufnimmt". Die augenfälligste Parallele zur Hochzeit von Kana wäre unter diesem Gesichtspunkt der reiche Fischfang des Petrus und seiner Gefährten. Da sitzen sie müde, hungrig, erschöpft nach einer vergeblich durchwachten und durcharbeiteten Nacht in ihren leeren Kähnen beim Reinigen und Flicken der Netze. In diese Leere hinein kommt Jesus völlig unerwartet, setzt den Fuß in Simons Boot und bittet ihn: Fahr mich hinaus auf die See, damit ich der Volksmenge das Reich Gottes verkünden kann! Simon tut's, vielleicht mit einer gewissen Verdrossenheit, er gibt seine armen Reste her – verzichtet auf Nahrung, auf Schlaf –, den leeren Kahn und seinen Ruderdienst. So wird er zum Mithörer des Wortes. Auf dieses Wort hin, dessen Vollmacht ihn erreicht, wirft er dann, Jesu Geheiß folgend, am hellen Tag noch einmal die Netze aus. Und diese füllen sich: Fische, Fische, Fische, eine unabsehbare Menge, die Augen gehen ihm über. In sein leeres Unten hinein schenkt sich durch den Befehl von oben eine nie gesehene Fülle. Welch ein Fest hebt da an, mitten im Alltag, für ihn und seine Gefährten! Und mitten in dieses Fest und seine irdische Fülle hinein gewährt sich zugleich das Erkennen dessen, von dem es herkommt: Ein Strahl der jenseitigen Herrlichkeit Jesu trifft den Simon und wirft ihn zu Boden. „Herr, geh hinaus von mir, denn ich bin ein sündiger Mensch", so stammelt jetzt ein von der Glaubensgnade Überwältigter. Das ist die Parallele zum letzten Satz im Bericht von der Hochzeit zu Kana: „Er offenbarte seine Herrlichkeit, und seine Jünger glaubten an ihn."

Jesus lohnt es auf der irdischen und auf der himmlischen Ebene, wenn man ihn in seine Armut aufnimmt. Zuerst schenkt er dem Simon die Fische, den Leuten auf der Hochzeit zu Kana den Wein. Mit und in diesen Zeichen der Fülle läßt er dann Größeres, Eigentlicheres erkennen, ermöglicht und bewirkt er das Erkennen seiner selbst, den Glauben an ihn und damit die Offenheit für sein Selbstgeschenk im Heiligen Geist. Durch die Geistgabe aber, vorgedeutet in der Weingabe, weitet sich die Hochzeit in Kana zum Fest des Neuen Bundes, der nach prophetischer Verheißung ja immer da wirklich wird, wo Gott seinem Volk den sündenvergebenden Heiligen Geist schenkt und so sich selbst und seinen Willen in das Herz der Seinen schreibt (siehe Jer 31,31 ff; Ez 36, 26 ff; 39,29). Beim Abendmahl wird Jesus diese Prophetie (in der alle Prophetie des Alten Bundes gipfelt) ausdrücklich aufgreifen und ihre Einlösung verkünden mit den Worten: „Dieser Kelch ist der Neue Bund (und zwar ist er es) in meinem Blute, das für euch vergossen wird zur Vergebung der Sünden." Die den Neuen Bund begründende Geistmitteilung und Sündenvergebung geschieht vom Opfer Christi als von seiner „Stunde" her: die Vergießung seines Blutes und die Geistausgießung, die Darreichung des Kelches und die sündentilgende Geistmitteilung sind in der Tiefe *ein* Geschehen: Stiftung und Verwirklichung des Neuen Bundes, der Hochzeit Gottes mit einer durch Glauben der Erlösung sich öffnenden Menschheit.

Maria und das nie endende Fest

Nicht zufällig steht wie im dritten, so auch im vierten Evangelium Maria am Anfang wie am Ende einer Geschichte, in der erzählt wird, wie Gott mit der Erlösung Ernst macht. Lukas schlägt den Bogen zwischen dem Verkündigungsgeschehen und Pfingsten: Hier wie dort geschieht Herabkunft des Geistes; im Schoß Marias war Heiliger Geist der Bildner des Leibes Jesu, nun, vom Opfer dieses Leibes her, bildet der Geist den Leib Christi, die Kirche; als solchen, als den Verwandler und Verklärer der Welt, den Bildner der Kirche, erwartet ihn Maria jetzt mit den Aposteln.

Auch im Johannesevangelium ist es Maria, die durch ihren Glauben zur Auslöserin des Offenbarerwirkens Jesu wird, die Jesus zu Kana sein erstes Zeichen wirken läßt – ihr Glaube bewirkt den Anbruch seiner „Stunde", deren ersten Ausgriff zu den Menschen; dieser Glaube gleicht einem Kelch, der das „lebendige Wasser" zum Strömen bringt und auffängt. Dann aber wird Maria auch zugegen sein in dieser „Stunde" selbst, wo das Zeichen der hochzeitlichen Weingabe in seiner tieferen Bedeutung offenbar wird: Mit dem Jünger, den Jesus liebhat, wird Maria Zeugin, wie ein Soldat die Seite Jesu durchstößt und Blut und Wasser daraus hervorgeht. „Ströme lebendigen Wassers aus seinem Leibe", die gleichbedeutend sind mit dem „Heiligen Geist, den die empfangen, die an ihn glauben" (vgl. Joh 7,39). Mit Jesus hat Maria auf *diese* Stunde hin gelebt: auf das Selbstgeschenk Gottes in seinem für uns dahingegebenen Sohn und seinem vom Opfer her sich mitteilenden Geist. Wo immer Menschen sich ihm öffnen, wo Volk des lebendigen Gottes lebt und entsteht, da hat das nie endende *Fest* begonnen, das im Himmel und auf Erden gefeiert wird und auf das hin die Welt erschaffen wurde.

9. Trösterin der Betrübten

Trennung, Trauer, Tränen gehören zur Armut der Menschen, die die Bergpredigt seligpreist, weil sie Leid tragen. Die Seligkeit dieser Geprüften heißt „Trost": „denn sie werden getröstet werden" (Mt 5,4).

Trauer eines wirklich Liebenden kennt nur einen Trost: den der Wiedervereinigung mit dem Getrennten; bis diese geschenkt ist, trauert der Liebende. Von Jakob rühmt die Schrift: „Und ob auch alle seine Kinder zusammenkamen, des Vaters Schmerz zu lindern, so wollte er sich doch nicht trösten lassen (über Josephs Tod), sondern sprach: Vor Herzeleid werde ich zu meinem Sohn ins Totenreich hinabsteigen. Und er beweinte ihn ohne Unterlaß" (Gen 37,35). – Ähnlich heißt es von Rachel: „Sie beweint ihre Kinder und will sich nicht trösten lassen, weil sie nicht mehr sind" (Jer 31,15).

In dem Maße, wie einer nicht mehr liebt, trauert er auch nicht. Dem Untreuen ritzen Abschiede nur die Haut. Er braucht keinen Trost. Genauer: was er an Tröstung braucht, weiß er sich selbst zu besorgen. Er wartet auf Gottes Trost nicht; wie soll er ihn dann empfangen?

Aber vielleicht hat Gott auch für ihn noch einen Weg; denn der Weg eines jeden Menschen führt durch den eigenen Tod hindurch, nicht nur durch den des anderen. Eigener Tod aber ist unausweichlicher Abschied vom Bisher des Lebens, Abschied, der noch einmal nach neuem Anfang und nach einem Antlitz schreit wie das Verlassen des Mutterschoßes in der Geburt.

Am tiefsten erleidet, was Trennung heißt, wer am meisten liebt. Für ihn ist die Wiedervereinigung mit dem Geliebten dann aber auch die größte Seligkeit. Darum ist für den gläubigen Christen Maria sowohl die allerbetrübteste als auch die am allermeisten getröstete, allerseligste Jungfrau – und als solche die „Trösterin der Betrübten". Denn wer selber solchen Trost Gottes erfahren hat, der ist fähig und berufen, auch andere zu trösten.

Paulus sagt: „Gepriesen sei der Gott allen Trostes, der uns tröstet in all unserer Trübsal, damit auch wir zu trösten vermögen, die in Betrübnis sind, mit dem Trost, mit dem wir selbst von Gott getröstet werden" (2 Kor 1, 3.4).

Darum zieht es nicht zufällig gläubige Menschen, die diese Welt als „Tal der Tränen" durchschreiten, zu Maria. So ist heute in Polen das dort fast überall gegenwärtige Bild „Unserer Lieben Frau von Tschenstochau" das Zeichen einer ungebrochenen Hoffnung, wie schon seine ganze Geschichte hindurch.

Viele spätmittelalterliche „Gnadenbilder" in Deutschland zeigen Jesus, den Gekreuzigten, im Schoß seiner Mutter, Anschauung gläubiger Hinnahme des göttlichen Heilsratschlusses; ihr gilt die Verheißung: „Gott wird eure Traurigkeit in Freude verwandeln" (Joh 16, 20). „Alle, die mit Christus leiden, werden auch mit ihm verherrlicht werden" (Röm 8, 17). „Gott läßt denen, die ihn lieben, letztlich alles zum Guten gereichen" (Röm 8, 28).

Die Leiden der Zeit nehmen endzeitliche Ausmaße

an, aber sie haben ein letztes Ziel, sie sind Durchgang zu der Wirklichkeit, die in dem auferstandenen Christus offenbar wurde und die durch Taufe und Glaube schon jetzt in unseren Herzen lebt. Gott, der die Liebe ist, schuf uns aus Liebe und bringt uns durch alles Leid hindurch zu unserem Ziel: zum Einssein mit der barmherzigen ewigen Liebe.

10. Mariä Aufnahme

Das Fest Mariä Aufnahme ist nicht geplant, nicht gemacht, sondern entstanden, gewachsen. Dogmatische Definitionen haben es nicht bedingt, sondern sind aus ihm hervorgegangen. Es hat seine Wurzeln ebenso im menschlichen Herzen wie in der biblischen Offenbarung. Um an diese Wurzeln zu kommen, müssen wir tiefer graben. Der Gang unserer Überlegungen führt also erst nach und nach in einer Reihe von Schritten zum Thema dieses Tages.

Was ist das Verlangen jeder Kreatur?
Leben über das Jetzt hinaus.

Die Erde bewegt sich um die Sonne. Im Anziehungsfeld ihres Urgestirns bringt sie je sich übersteigendes Leben hervor, keimendes, sprossendes, blühendes, sich mehrendes.

Dieser Prozeß hat einen tieferen Ursprung und eine eigentlichere Ausrichtung. Da gibt es nach Jahrmillionen einer Weltentstehungsgeschichte den Menschen. Die ganze Schöpfung faßt sich zusammen in ihm.

Ihm nun ist es gegeben und aufgegeben, sich um ein geistiges Urlicht zu bewegen, um Gott. Im Strahlenbereich dieses Du, im Leben auf dieses Du hin findet er sein Ich – indem er diese Du-Gerichtetheit zugleich auslebt in Mitmenschlichkeit, im Leben auf das Du eines anderen Menschen und des Ganzen einer Familie Mensch hin, wobei die Anziehung Gottes sich jeweils für ihn konkretisiert im menschlichen Du als einem Bilde Gottes.

In seine Hingerissenheit zu Gott – die wachsend ausreift zu vollkommener Bewußtheit und Freiheit, und deren Ziel Verklärung in Gott hinein ist –, in diese Hingerissenheit reißt der Mensch zuletzt die ganze Schöpfung mit. Denn: durchstrahlt von seinem Geist, durchseelt von seiner Liebe und zusammengefaßt in seiner Leibhaftigkeit, gehört sie unaufhebbar zu ihm. Er ist in gewisser Weise das Weltall, das fühlt und denkt, Herz und Gewissen des Universums.

Daß der Mensch sein Werdeziel erreicht, als Sohn Gottes offenbar wird, vereinigt mit seinem Ursprung, ist nach dem achten Römerbriefkapitel das sehnsüchtige Erwarten der gesamten kreatürlichen Welt. Zwar sind Stein, Pflanze und Tier, Sterne und Meere, Gebirge und Täler sich ihrer selbst nicht bewußt. Aber was im Innersten der Kreatur verborgen ist, was unendlich über sie hinausweist, das empfindet für sie der Mensch, das wird zur wirklichen Sehnsucht in ihm: etwa in der Morgenfrühe beim Erwachen des Vogelgesanges ... beim Abendlied einer Amsel ... oder in den Erlebnissen der endlosen

Weiten und Fernen des Meeres, der Wüste, der Berggipfel ... oder in der Stille einer Nacht unter Sternen. „Gottes unsichtbares Wesen wird erschaut seit der Schöpfung der Welt und wahrgenommen in seinen Werken" (Röm 1,20).

Aber im gleichen Zusammenhang spricht Paulus auch von einer in der ganzen Menschheit anzutreffenden Verhärtung und Verfinsterung des Herzens, die den Menschen dieser Wahrnehmung Gottes entzieht. Der Mensch läßt Gott aus dem Auge, um selber wie Gott zu sein. Er nimmt die Welt nicht mehr länger von Gott als ein Geschenk entgegen, er bemächtigt sich ihrer im Vorgriff, im Zugriff. So wird er abhängig von ihr, begehrt er sie statt Gott. Was unter ihm sein sollte, wird dann zum Herrn über ihn. Was der Mensch gegen Gott austauscht, übernimmt die Rolle des Unbedingten, weil der Mensch auf einen Bezug zum Absoluten angelegt ist, ähnlich wie der Planet von einer Sonne her existiert. Fragt er also nicht mehr nach Gott und seinem Gebot, so besetzt ihn das Geschöpf, es nimmt allen Raum in ihm ein, blendet ihn mit seinem erlöschenden Glanz. Damit aber erblindet er für Gott, ertaubt er für seinen Ruf.

Die Berufung des Menschen zur Aufnahme in Gott und zum Leben in der Vereinigung mit Gott erreicht also nicht einfach evolutiv ihr Ziel: Denn die Verwirklichung dieser Berufung ist der Freiheit des Berufenen mit anheimgegeben. Gott, der uns liebt, will von uns wiedergeliebt sein, und das bedeutet: in Freiheit erwählt sein.

Tatsächlich ist die Werdegeschichte der Welt gekennzeichnet durch das Versagen des Menschen vor dem Ernst dieser Wahl, gekennzeichnet durch den falschen

Gebrauch dieser Freiheit, und damit durch einen tiefen, unheilvollen Riß. Die Folge dieses Risses ist die Zerrissenheit – in der Tiefe des einzelnen wie im Ganzen der Menschheit. Der Anziehung zu Gott widerstreitet die Sucht des Ich zum Sich-fallen-Lassen in den Vergehensbereich, zum Zurücksinken in Chaos und Tod.

Gewiß, immer wo ein Mensch neu beginnt, wo ein Kinderantlitz sein Auge zum Leben aufschlägt oder wo Liebende einander erkennen, ist wieder das Leben mit seiner Verheißung, seinem unendlichen Ahnen. Aber ohne die ursprüngliche Gottoffenheit und -verbundenheit fehlt dem inneren Menschen der ausreifende Verheißungskern zeitüberlegener und zeitüberdauernder Lebensfülle, die solchem Ahnen entspräche. Das Leben verbraucht sich dann nur. Der Frühling verwelkt. Oft bricht er jäh ab. Unversehens richtet ein Ich sich gegen das andere auf. Aus Geschenk wird Anspruch, aus Empfangen wird Zugriff, aus Liebe Gewaltsamkeit. Am Ende erkennt einer weder mehr Gott noch im anderen Gottes Bild. Das letzte Wort hat dann das Vergehen, der Tod. Und wo immer es auch einen Ansatz erfüllten Lebens gab: wenn der Mensch sich nicht für Gott entscheidet, gleicht er einem aus seiner Sonnenbahn gerissenen Planeten, der im Begriff ist, in die abgründige Leere des Weltalls zu stürzen in nie aufhörendem Sturz.

Diese abgründige Möglichkeit, diese Gefahr, spürt jedes Wesen, das noch eine Spur Verantwortung trägt, in der Tiefe seines Gewissens als Schuld. Denn alles Ichwesen und Ichsagen in der Welt bildet ja eine unausweichliche Verflochtenheit. Niemand kann sich ganz heraushalten. Jeder nimmt teil an diesem Geflecht von miteinander konkurrierenden Egointeressen; jeder verspürt in sich jenen Zwiespalt, dem Paulus Ausdruck gibt mit den Worten: „Mit dem Gesetz Gottes (das heißt mit dem Leben von ihm her und auf ihn hin) bin ich freudig einverstanden in meinem Innern; und doch sehe ich ein anderes Gesetz in meinen Gliedern, das mich zum Gefangenen der Sünde (zum Gefangenen des Sich-Drehens um das eigene Ich) macht." Dann folgt der Ausruf: „O ich unglücklicher Mensch! Wer wird mich aus diesem todverfallenen Dasein erretten?" (Röm 7,22–24).

Die untergründige Sehnsucht des Menschen nach Gott bekommt in einem solchen Schrei ihre äußerste Tiefe: aus Zerrissenheit; aus der Abgründigkeit von Schuld, Leid und drohendem Dunkel und dem dennoch weiterbestehenden Verlangen nach Leben entsteht in uns die Sehnsucht nach Erlösung, Erbarmen, Licht.

Gottes Antwort auf diesen Schrei hat dann bei Paulus einen einzigen Namen: Jesus Christus.

Sollte sich denn Gottes Anziehung für den Menschen am Ende nicht doch als mächtiger erweisen als die irgendeines Geschöpfes? Gott will erwählt sein, darum schafft er uns frei. Wir wählten falsch, verloren unsere wahre Freiheit und damit Leben und Licht, für das wir erschaffen sind. Da öffnet Gott gleichsam sein Innerstes und gibt sich uns neu zu erkennen in seinem menschgewordenen Sohn, in Jesus, dem Christus. Ihm ist es gegeben und aufgegeben, den Menschen, der Gott verlor, wieder an Gott zu erinnern. Er ist Gottes Anschauung für uns als menschlichster, und das heißt zugleich: brüderlichster Mensch. Durch Jesu Wesen, durch sein Tun und sein Wort, spricht sich in einer sonst in der Welt nicht antreffbaren Unmittelbarkeit der Urgrund alles Daseins aus. Er nennt sich das „Licht der Welt". Durch ihn kommt der Mensch wieder in das Anziehungsfeld seines Urlichts, Gottes. Diese in Christus geschehende Anziehung zu Gott erreicht ihren Gipfel in seiner Erhöhung am Kreuz, wo Gottes Liebe zu uns als äußerstes Leiden um uns offenbar wird, wo der eingeborene Sohn Gottes die Schuld des Menschen übernimmt und für uns stirbt. „Wenn ich erhöht bin", sagt er, „werde ich alles an mich ziehen" (Joh 12, 32).

Wir wissen nicht, wann und auf welche Weise dieses Wortes Wirklichkeit den einzelnen und die Völker erreicht, wann und auf welche Weise die ausgespannten Arme des Gekreuzigten, die das Bild des sich erbarmenden Vaters sind, die Bewegung der Flucht des Menschen vor Gott zum Einhalt bringen und seinen drohenden Absturz in die ewige Abgründigkeit auffangen.

Aber wir wissen, daß Ostern wurde. Und daß das Entsetzen der Schöpfung über die Kreuzigung Jesu einer einzigartigen Freude und Hoffnung Raum geben mußte: Der durch seine Schöpfung getötet wurde, starb für sie. Und Gottes Anziehung für die Welt kam und kommt einmal durch den Gekreuzigten endgültig zum Sieg.

„Heute noch wirst du bei mir im Paradiese sein", dieses Wort Jesu an den rechten Schächer enthält die Wende im Leben der Welt. Die Erde Mensch erfährt in diesem Räuber, der sie repräsentiert, unmittelbar vor ihrem Absturz in den Abgrund die unwiderstehliche Anziehung des Erhöhten als des Lichtes der Welt, sie bewegt sich wieder um ihr Urgestirn und ist gerettet. Die Erhöhung Christi am Kreuz ist zugleich die zum Vater. Die Annahme seines Opfers, die Verklärung seines für die Brüder gekreuzigten Daseins ist zugleich die Wiederannahme seiner Brüder, jedes Sünders, der ganzen Welt – zu Gott.

Ostern, Auferstehung bedeutet, daß kein Frühling vergeblich war, keine Verheißung des Lebens trog. Alle reine und tiefe Sehnsucht greift Gott einmal auf. Alles von ihm Geschaffene kommt auch zu ihm, und alles Leid verwandelt er in Freude durch den, der es mit uns leidet und litt. Die Welt hat in Christus wieder ihre Hoffnung, ihr Leben, ihr Licht.

Die Evidenz des Ostergeschehens ist Pfingsten. Der sein Leben auf Golgotha aushauchte, haucht es als der zum Vater Erhöhte einer kommenden Menschheit ein. Der Geist des Herrn bewirkt in der ersten Jüngergemeinde das Ausbreiten des Jubels von Befreiten zu Gott, neues Lied, Einmütigkeit der Herzen, überströmende Liebe und Freude, übergreifend wie Feuer und Sturm auf Menschen aus allen Völkern und Sprachen.

Der Evangelist Lukas ist in der Apostelgeschichte diesem ständig weiter ausgreifenden Pfingstgeschehen, den Anfängen der Kirche, nachgegangen, ebenso wie dann später in seinem Evangelium auch den Anfängen des göttlichen Kommens in Jesus, der Kindheitsgeschichte. Und er hat zwischen den beiden Erstlingsgeschehnissen der Zeitenmitte zwischen Pfingsten und beginnender Menschwerdung eine überraschende Konsonanz entdeckt. Zur Sprache bringt er sie auf eine sehr verhaltene Weise. Denn es geht da um eine Gnade, die zwar die ganze Kirche betrifft, aber zugleich doch in die besondere personale Tiefe eines einzelnen Menschen reicht, also um ein Geheimnis, das den Schutz der Verborgenheit verlangt.

Unter den Jüngern, die der Weisung des Herrn gemäß nach seiner Hinaufnahme Jerusalem nicht verlassen, sondern im Glauben an ihn betend die Verheißung des Vaters, den Heiligen Geist, erwarten, nennt Lukas, neben den Namen der Apostel als einzigen den der Mutter Jesu, Maria. Unauffällig rückt er sie in die Mitte zwischen die Frauen der Jesusnachfolge und die Brüder des Herrn.

Von der Einzigartigkeit des Glaubens der Maria ist nun ein klarer Bogen erkennbar zum Fest ihrer Aufnahme in den Himmel.

In jedem Menschen, dem Gott noch nicht verlorenging oder der ihn wiederfinden durfte durch das Geschenk des Glaubens, gibt es aufgrund seiner Gottoffenheit und -verbundenheit einen Verheißungskeim zeitüberlegener, zeitüberdauernder Lebensfülle, einen Keim, der dazu bestimmt ist, verborgen auszureifen mitten in einem Leben, das sich für Gott und den Bruder verbraucht – um dann als innerer Mensch durch den Tod des äußeren Menschen hindurch offenbar zu werden, fast so, wie aus der Raupe der Schmetterling hervorgeht oder aus dem sterbenden Korn Halm, Blüte und Frucht. Im Tode geschieht der endgültige Durchbruch in die kommende Welt, die Verklärung in Gott hinein – bei denen, die glaubten und die dem inneren Menschen nach ausreiften für ihn.

Es gibt im paulinischen Schrifttum, aber auch bei Johannes eine Reihe Stellen, die dieses Ausreifen durch Glauben als einen Umgestaltungs- und Verklärungsprozeß in Christus hinein beschreiben. Die grundlegende Stelle 2 Kor 3,18: Wenn vom Menschen genommen ist, was ihm Christus verhüllte, d.h., wenn er glaubt, dann schaut er mit unverhülltem Antlitz die Herrlichkeit des Herrn (dann leuchtet ihm das Wesen Christi auf und ein), er schaut es wie im Spiegel (sein Inneres bildet es ab und nimmt es zugleich in sich auf wie etwa der Tautropfen die Sonne). Und so wird er in eben dieses Bild, in Christus hinein, verwandelt, von Klarheit zu Klarheit, durch die Wirkung des Geistes Christi, durch die Einstrahlung des Wesens Christi.

Im Galaterbrief spricht Paulus jedoch auch von einer Art Geburtswehen, die er ein zweites Mal erleiden muß, bis Christus in den Galatern Gestalt gewinnt. Darin ist mitgesagt: daß es doch offenbar nicht immer von Klarheit zu Klarheit geht, daß die Gestaltwerdung Christi in den Gläubigen auch zum Stocken kommen, Unterbrechungen und Rückschläge erleiden kann. Sicher ist sie bei vielen Gläubigen ein mit vielen Widerständen kämpfender, bis zum Tod nicht voll ausreifender Lebensprozeß, weil einer mit dem Glauben nicht immer Ernst macht, weil einer Christus wieder aus dem Auge läßt, weil der alte Ichmensch sich wieder durchsetzt.

Die Erwägung der Schriftstellen, die von Maria handeln (und deren Konsonanz), gibt uns die Gewißheit, daß es diese Art von Untreue bei ihr nicht gab. Ihr, die seine Mutter werden sollte, wurde Jesus gleich zu Beginn als der Christus offenbart. Sie lebte also im gläubigen Hinblick auf ihn, und dies durch dreißig Jahre. Sie teilte wie kein Mensch sonst alle Phasen des Lebens Jesu, vom Kind bis zum Mann, in der inneren Offenheit für sein Geheimnis, sein Eigentliches und Ursprüngliches. Das bedeutet: sie lebte im Strahlbereich des „Lichtes der Welt“. Was wir im Auge haben, formt uns. Wie auch umgekehrt gilt: wie einer uns sieht, den wir im Auge haben, das entscheidet darüber, was aus uns wird.

So wurde Maria von allen Zügen des Wesens Jesu geformt, ihm ähnlich bis ins Innerste, wie er ihr ähnlich war durch Geburt. „Ist aber dein Auge gesund, so ist der ganze Leib im Licht“ (Mt 6,23). Maria hatte dieses gesunde (dieses gläubige) Auge; so wurde ihre ganze Existenz durch ihn gelichtet, den sie im Auge hatte. Offenbar sollte es einen Menschen geben, in dem nichts verlorenging von der Christusgnade. Dieser Mensch war sie; darin das personale Ur-Bild der endzeitlich vollendeten Kirche, die der Epheserbrief die Fülle dessen nennt, der alles in allem erfüllt (1,23). Diese Fülle Christi wurde Maria anvertraut, um sie, wie es zum Wesen der Gnade gehört, auszuwerten für andere – ja für alle Geschlechter.

Das Fest ihrer Aufnahme in den Himmel – ihrer vollendeten Umgestaltung in Christus und durch ihn in Gott hinein – ist für den Glauben mehr als nur ihr Fest. Es begreift uns ein, unsere Berufung – unser Ziel, unsere innerste Wirklichkeit. Wir sind die Welt auf dem Wege zur Verklärung.

Und Maria ist der Erstling derer, auf die Ostern übergriff.

II
Maria von Bethanien

1. Maria, die Schwester der Martha (Lk 10,38–42)

Wenn im ersten Satz der Verkündigungsperikope mit so auffälliger Hervorhebung gesagt wird: „und der Name der Jungfrau war Maria", dann deutet sich darin bereits eine überindividuelle gestaltsymbolische Bedeutung dieses Namens an. Sie legt es nahe, in Maria, der Schwester der Martha, eine erste Verdeutlichung des „Marianischen" zu erkennen, eine Inbegriffgestalt von Glaube und Jüngerschaft, wie die Mutter Jesu und der „Jünger, den Jesus liebhat", es sind. Dreimal kommt diese Maria vor: Lk 10,39; Joh 11,32; 12,3; und jedesmal sehen wir sie zu Füßen Jesu, das ist ein Hinweis auf das ihr geschenkte „Erkennen" des Herrn im Glauben.

„Maria" – das ist im Neuen Testament der gläubige Mensch, in dem und bei dem und für den Gott die entscheidende Initiative hat, der Mensch, der nicht aus Eigenem denkt, plant, handelt, sondern aus ihm.

Wenn Maria Jesus allein gelassen hätte, um Martha zu helfen, wie diese es wollte, so wäre sein eigentlicher Hunger nicht gestillt worden.

Am Brunnen von Samaria sagt Jesus zu den Jüngern: „Ich habe eine Speise zu essen, die ihr nicht kennt" (Joh 4,32). Maria kennt diese Speise, sie kennt Jesu Hunger nach dem Willen des Vaters, seine Sehnsucht, sich selbst uns zu offenbaren und zu schenken in Tat und Wort:

daß Liebe lieben, Licht leuchten, Wort gehört werden will.

Das johanneische Pendant zu der Maria-und-Martha-Geschichte bei Lukas ist das Christuswort: „Siehe, ich stehe an der Tür und klopfe an. Wenn einer meine Stimme hört und mir auftut, so will ich bei ihm eintreten und Mahl mit ihm halten, und er mit mir" (Offb 3,20). – Maria öffnet Jesus nicht nur die äußere Tür, sondern die ihres Innersten; ihr Glaube ist Übereinstimmung mit der „Stimme" des Kommenden. Mit Marias Hören auf ihn wird jenes Mahl eröffnet, das er mit uns halten will, und zu dem Martha beiträgt, indem sie den irdischen Tisch deckt.

Die durch Jesu Mahnung bekehrte Martha wird, wenn Jesus wieder einmal anklopft, zu Maria sagen: „Bleib du bei ihm, ich sorge für den Tisch, laß dir kein Wort entgehen, nachher sagst du mir weiter, was er dir gesagt hat."

Erstwichtig für die Gemeinschaft mit Christus (deren Bild das Mahl ist): unser Hören auf ihn, daß er zu Wort kommt in uns, daß wir ihn einlassen in Herz, Geist und Leib. Das ist das eine Notwendige, das all den vielen irdischen Diensten in unserem Leben Sinn und Zusammenhang gibt.

2. Maria von Bethanien und der Jünger, den Jesus liebhat, in der Lazarus-Perikope (Joh 11)

Erster Teil
Verborgenes und Offenbartes

„Es war aber einer krank, Lazarus von Bethanien, aus der Ortschaft der Maria und ihrer Schwester Martha" (Joh 11,1).

Lazarus trägt den Namen des durch den Tod hindurch in Abrahams Schoß aufgenommenen Armen im Gleichnis (Lk 16,19ff.). Er ist aus der „Ortschaft Mariens und ihrer Schwester Martha". Der Evangelist sagt nicht einfach aus „Bethanien", sondern aus der Ortschaft der Maria (und ihrer Schwester Martha). Das seltene griechische Wort „Komä" bezeichnet einen Ortschaftsbereich, in dessen Umkreis noch andere Dörfer liegen können. Johannes verwendet das Wort Komä als Bezeichnung für einen Glaubens- und Offenbarungsbereich.

Entsprechende Arkanbedeutung hat es auch, wenn der Ort des letzten Zeichens Jesu wie der des ersten (Hochzeit zu Kana) zu Beginn sowohl wie zum Schluß der Perikope als Bereich Marias gekennzeichnet wird. Die Lazarusgeschichte nennt Bethanien eingangs das Dorf der Maria (und ihrer Schwester Martha), am Ende der Perikope heißt es dann: „Viele der Juden, die zu Maria gekommen waren (von Martha ist jetzt nicht mehr die Rede) und gesehen hatten, was Jesus getan hatte, glaubten an ihn" (Joh 11,45). Die Parallele zur Kanageschichte im zweiten Kapitel ist auffällig. Diese beginnt:

„Es war eine Hochzeit zu Kana in Galiläa, und die Mutter Jesu war dort." Der Geschehensbereich des Zeichens wird in diesem Satz gleich zu Anfang mit Maria, der Mutter Jesu, in Verbindung gebracht. Am Ende der Erzählung wird dann das geschehene Zeichen eigens noch einmal wie zu Anfang geortet: „Diesen Anfang seiner Zeichen machte Jesus zu Kana in Galiläa" (wo Maria war), dann heißt es: „Und er offenbarte seine Herrlichkeit, und seine Jünger glaubten an ihn." Die Schlußsätze des ersten und des letzten Zeichens Jesu stimmen inhaltlich und am Ende wörtlich überein: „Viele von den Juden nun, die zu Maria gekommen waren und gesehen hatten, was er getan, glaubten an ihn." – Bei beiden Zeichen soll offenbar nach der Absicht des Evangelisten der Bereich, in dem die Offenbarung der Herrlichkeit im Zeichen geschieht, und wo der Glaube an Jesus als den Offenbarer Gottes sich dadurch auf weitere Jünger ausweitet, die nun auch glauben, als Ort Marias gekennzeichnet werden, wobei der Name Maria über den individuellen Bezug hinaus als Chiffre, als Inbegriff für den Glauben an die „Herrlichkeit" Jesu steht; dieser Glaube ist Mitvoraussetzung für das Zeichen, das Offenbarungsgeschehen, wie er es im Lukasevangelium schon für den Anfang des Christusgeschehens, die Menschwerdung, ist. Die Sendung des Offenbarers und der Glaube an ihn sind *ein* Werk Gottes, *ein* Erlösungsgeschehen. Dieser Glaube löst das Zeichen mit aus und hat dann mit ihm zugleich ansteckende, übergreifende Vollmacht, wie das bei Lukas erstmals in der Heimsuchungsgeschichte verdeutlicht wird: Elisabeth wird durch den Gruß Marias als der Mutter ihres Herrn mit Heiligem Geist erfüllt.

„Maria aber war jene, die den Herrn mit Öl gesalbt und seine Füße mit ihren Haaren getrocknet hat; deren Bruder Lazarus war krank." (Joh 11, 2). Maria wird in diesem Vers noch einmal herausgehoben – ihr Liebestun vor Jesu Passion war der Gemeinde, an die Johannes sich wendet, bekannt; aber es ist sicher nicht nur dieser äußere Umstand, der den Evangelisten zu diesem Hinweis veranlaßt. Die den Herrn im voraus für sein Begräbnis salbte, die das Gefäß mit Narde über seinem Haupt zerbrach, so daß der Duft der Salbe das ganze Haus, in dem sie saßen, erfüllte, erwies ihn prophetisch als den Gesalbten Gottes, der durch seinen Tod hindurch als der Erhöhte sein Haus, die Kirche, mit dem Wohlduft des Heiligen Geistes erfüllt. An die Herrlichkeit Jesu glaubend (wie Maria, die Mutter Jesu), salbte sie ihn *vor* seinem Tod, nicht nachher wie jene Frauen, die in der Osterfrühe kommen, um Jesu Leichnam, wie es üblich war, durch eine letzte Salbung noch für eine Weile vor der Verwesung zu schützen. Da Markus und Matthäus eigens deren Namen nennen, muß uns auffallen, daß Maria, die Mutter Jesu, und Maria von Bethanien nicht unter ihnen sind. Beide sind Schwestern im Glauben an die Herrlichkeit Jesu, ihre identischen Namen verschmelzen im vierten Evangelium als Symbolnamen.

„ ... deren Bruder Lazarus war krank". (Daß Lazarus krank ist, wird gleich hier im zweiten Vers wiederholt, dann nochmal im dritten und sechsten, im ganzen also viermal.) Dann wird Lazarus vier Tage im Grabe sein. Viermal wird auch von ihm gesagt, daß Jesus ihn liebhat, Vers 3, 5, 11 und 36. Wenn Menschen das sagen, die

Schwestern und die mit ihnen befreundeten Juden, gebrauchen sie das Wort „philein", das menschliche Freundesliebe meint; Jesus selbst nennt Lazarus an der Stelle, wo er die Jünger in sein Verhältnis zu Lazarus einbezieht, „philos – unser Freund"; der Evangelist gebraucht für die Weise, wie Jesus liebt, das Verbum „agapao", um damit die göttliche Liebe anzudeuten; Gott selbst ist „agapä", Liebe (1 Joh 4,8–16).

Vier ist die Erdenzahl, die Zahl der Elemente und der Himmelsrichtungen. Drei ist die göttliche Zahl für den Urgrund Liebe, die das All trägt und der sich alles verdankt. Als agapä, als Liebe ist Gott Dreieinigkeit. – Lazarus ist krank, stirbt und liegt vier Tage im Grabe: das ist die Erde Mensch, die aufgrund der Sünde nun nicht mehr mit ihrem Urgrund Liebe verbunden ist, an diesem Verlust zunehmend krankt und am Ende stirbt. Die Liebe erweckt sie und schenkt ihr neu das Leben – in der Liebe.

Jesus, die menschgewordene Urliebe, liegt nicht vier, sondern drei Tage im Grabe. Die göttliche Dreizahl, Vater, Sohn und Heiliger Geist, geht mit dem Gekreuzigten in die Sphäre des Todes ein, durchdringt sie, prägt sich ihr wie ein Wasserzeichen ein, so daß sie zur Gänze und auf immer Hohlform für das Geschenk des göttlichen Lebens ist, wie es ein Becher ist für Quellwasser. Von der Lazarusperikope ab (erst von da ab!) gibt es dann im Johannesevangelium den „*Jünger*, der Jesus liebte"; zum erstenmal begegnet er als solcher beim Abendmahl, „im Schoße Jesu liegend" (13,23), was zurückweist auf den „Schoß Abrahams", in den der Lazarus des lukanischen Gleichnisses durch seinen Tod hindurch gelangt. Der „Jünger, den Jesus liebhat", der einzige, von dem die

Schrift solches sagt, ist ein reiner Wesensspiegel der Herrlichkeit des menschgewordenen Sohnes als des Einziggezeugten vom Vater, der „im Schoße des Vaters" ist (Joh 1,18). Denn dieser Jünger hat seinen Tod hinter sich, im Tod starb er alles hinweg, was dem Erkennen der Herrlichkeit Christi im Wege war. Ihm, und nur ihm, kann Jesus beim Mahle anvertrauen, wer der Verräter ist, weil er darauf nicht irdisch reagiert, d.h. nichts tun wird, um den göttlichen Ratschluß zu hindern, darum das Anvertraute auch hütet, bis alles vollbracht ist. Der „Jünger, den Jesus liebhat", ist im vierten Evangelium unter den Jüngern die Inbegriffgestalt des Glaubenden – ein Wissender, der „weiß, wer Jesus ist" (Joh 4,10), der ihn erkennt, wenn anderen die Augen noch „gehalten" sind, wie den Emmausjüngern die Augen „gehalten" waren, bevor sie Jesus beim Brotbrechen „erkannten" (Lk 24,16.31).

Der „Jünger, den Jesus liebhat", hat eine Schwester im Geist in Maria von Bethanien. Das erkennt man, wenn man darauf achtet, wie das Evangelium sie von Martha unterscheidet.

„Als Martha hörte, daß Jesus komme, ging sie ihm entgegen, Maria aber blieb zu Hause" – darin spiegelt Maria Jesus, der, als er hörte, daß der, den er liebhatte, krank sei, an dem Ort blieb, wo er war. – Sie wartet, bis er sie ruft, wie Jesus, „der alles tut, was er den Vater tun sieht" (Joh 5,19), nicht eher aufbricht, als der Vater es ihm „zeigt" (Joh 5,20). Jesus ruft eigens Maria, nicht Martha. Warum ruft er sie? Er braucht ihren Glauben, um das Zeichen zu wirken, wie auf der Hochzeit zu Kana den Glauben Marias, seiner Mutter. Je größer das Geschenk ist, das Gott macht, je mehr es irdisches Erwarten und irdische Masse sprengt, desto reinere und tiefere Offenheit im Glauben braucht es auch.

„Sobald Maria hört: Der Meister ist da und ruft dich, steht sie *schnell* auf" (Joh 11,29), gleich darauf wird noch einmal gesagt: „als die Juden, die bei ihr waren, sahen, daß sie *schnell* aufstand", damit man den Akzent des „schnell" nicht überhört: da ist Eile, wie sie der Gehorsam im Heiligen Geist gibt.

Anders zuvor Martha: Sie geht Jesus von sich aus entgegen, als sie hört, daß er kommt. Das Wort „schnell" steht bei ihr aber nicht. Wie könnte sie eilen, da Jesu Fern-bleiben in seiner Unbegreiflichkeit und der Tod ihres Bruders auf ihr lasten! Solche Last lähmt auch den Schritt (wie den des Petrus zum leeren Grab; der Jünger, den Jesus liebhat, läuft schneller).

Bei Maria ist es der Ruf Jesu: „der Meister ist da und ruft dich", der ihr diese Last nimmt – ihr nicht die Tränen nimmt, die können erst versiegen, wenn die Trennung von Lazarus aufgehoben ist, wenn Lazarus dem Leben wiedergeschenkt ist.

Von Martha wird nicht gesagt, daß sie weint, sie reflektiert und spricht mit Jesus über das Geschehen, um es in ihren angefochtenen Glauben einzuordnen, sie sucht Distanz, wie man sie braucht, um einen Zusammenhang zu erkennen. Warum blieb Jesus nur aus? „Wärest du hier gewesen, mein Bruder wäre nicht gestorben." In dem nachfolgenden Gespräch gebraucht sie dreimal das Wort „ich": „ich weiß", „ich weiß", „ich habe Glauben" – in einer Art Selbstvergewisserung ihres durchhaltenden Glaubens.

Maria sagt in der Begegnung mit Jesus als erstes den gleichen Satz wie Martha; bei beiden kann eine tief angestaute Not sich endlich zu ihm hin eröffnen. Aber in den gleichen Worten liegt bei den Schwestern Verschiedenes. Bei Maria folgt kein: „ich aber ...“, also auch kein Gespräch, statt dessen fällt sie Jesus zu Füßen, was Martha nicht tat. Das ist ihre Antwort auf sein Da-Sein, Anbetung des göttlichen Ratschlusses. Die drei Male, bei denen Maria von Bethanien im Evangelium vorkommt, sieht man sie immer „zu Füßen des Herrn“ (Lk 10,39; Joh 11,32 und Joh 12,3). In Jesu Gegenwart sind für sie alle Fragen überholt. Ihr Niederknien vor ihm sagt: Du weißt alles, und deine Liebe ist größer als mein Begreifen. Während Martha Distanz braucht zu dem Geschehenen und Gespräch braucht über das Geschehene, weil sie Jesu Verhalten mit ihrem noch irdischen Verstehen nicht zusammenbringen kann, ist Maria als die Niederkniende und Weinende *in* dem Geschehen. Ihre Tränen sind von anderer Art als die der Menschen, die nur aus irdischen Gefühlen und um ihrer selbst willen weinen. Es sind die in der zweiten Seligpreisung gemeinten, sie kommen aus der Liebe, die nur einen Trost kennt, den, der nach Liebe ausschaut, von sich selbst weg: daß dem Leben wiedergeschenkt werde, der jetzt tot ist.

Die Erweckung des Lazarus ist Jesu Antwort auf den Glauben Marias, nicht auf den der Martha, die sich erst an der Schwelle zum Glauben befindet, die bei Jesu Wort: „Hebt den Stein weg“ erschrocken ruft: „Herr, er riecht schon, es ist ja bereits der vierte Tag.“ Ihr muß

Jesus erwidern: „Habe ich dir nicht gesagt, daß du, wenn du glaubst, die Herrlichkeit Gottes sehen wirst?" Bei Maria ist von keinem „wenn du glaubst" die Rede; sie glaubt, sie „sieht", bevor das Zeichen geschieht, ihr Niederknien und Schweigen und Weinen sagen es – und eben auf diesen Glauben hin wirkt Jesus das Zeichen. Martha wird die Herrlichkeit Gottes in Jesus erst sehen können, wenn sie durch das Zeichen zum Glauben gelangt ist. Es gibt einen Glauben *vor* der Schwelle und einen *jenseits* der Schwelle des Sehens der Herrlichkeit.

Von den Juden, die zu Maria gekommen waren, unterscheidet Martha freilich eines – darum ist sie auch näher bei Jesus, sie ist unmittelbar an der Schwelle zum Glauben: sie weiß, daß Gott ihm auch jetzt alles geben wird, was er erbittet (22). Weil die anderen, die zu Maria gekommen sind, auch das noch nicht glauben, betet Jesus, bevor er Lazarus erweckt, offen vor ihnen zum Vater, damit sie „erkennen, daß der Vater ihn allzeit erhört". Dieses Erkennen ist die letzte Vorstufe zum Glauben jenseits der Schwelle.

Von seiner Auferweckung an ist jener Lazarus – „der, den Jesus liebhat" – der „Jünger", den Jesus liebhat. Als solcher kommt er nun noch viermal vor.

Wir sahen schon, wie er beim Abendmahl im Schoße Jesu ruht. Die zweite Stelle: Der am Kreuz Erhöhte sagt zu ihm im Hinblick auf Maria: „Siehe da, deine Mutter!", und zu Maria sagt er: Siehe da, deinen Sohn!" Danach heißt es weiter: „Von jener Stunde an nahm sie der Jünger zu sich." „Stunde" ist johanneisch immer die der Erhöhung Christi, sowohl am Kreuz als auch zum Vater, ist die seiner „Verherrlichung". Aufgrund jener Stunde und von ihr an besteht ein unlöslicher Zusammenhang zwischen dem Jünger, den Jesus liebhat, und Maria. Dieser Zusammenhang dringt gleich durch in der Osterfrühe, als der Jünger, den Jesus liebhat, nächst Petrus durch Maria Magdalena vom leeren Grab erfährt (Joh 20,2): Diese Nachricht muß ja zugleich auch die Mutter Jesu erreicht haben. Sie aber hat den Glauben, der durch die Kreuzigung Jesu nicht erschüttert oder sogar verschüttet wurde. Maria wurde ein Glaube geschenkt, dessen Offenheitstiefe bei der Verkündigung durch den Engel der Herrlichkeit Jesu entspricht, der darum auch durch die Nacht der Kreuzigung hindurch hoffend standhält; um dieses Glaubens willen preist Elisabeth sie selig und werden auch in Zukunft „sie seligpreisen alle Geschlechter". Dieser Glaube muß sich mit dem des Jüngers, den Jesus liebhatte, vereint haben, da er sie zu sich nahm, und er muß aus einem stillen „Licht, das im Finstern scheint" (2 Petr 1,19), anbrechender Tag geworden sein, als die Botschaft vom leeren Grab beide erreichte. So läuft der Jünger, den Jesus liebhat, schneller zum Grab als Petrus und kommt als erster dort an. Marias Glaube ist mitenthalten in diesem Lauf, den lebendige Hoffnung beflügelt; Petrus ist vom Geschehen des Todes Jesu her noch wie gelähmt.

Zum drittenmal kommt der Jünger, den Jesus liebhat, in der Geschichte der Offenbarung Jesu am See Tiberias vor; er ist es, der den Mann am Ufer als den Auferstandenen erkennt und zu seinen Gefährten sagt: „Es ist der Herr!" (Joh 21,7). Hier wird ein letztes Mal deutlich, daß er eine Gestalt jenes Glaubens ist, welcher der Sendung des Offenbarers Jesus entspricht und zusammen mit ihr das *eine* Heilsgeschenk Gottes bildet, ein Geschenk aus dem unbegreiflichen Ratschluß der ewigen Liebe ist. Dieser Glaube ist in seiner Reinheit und Tiefe ebenso „von oben" und „nach oben" hin geöffnet, wie Jesus von oben kommt und nach oben hin mitnimmt. Der Jünger, den Jesus liebhat, ist durch sein Lazarussterben hindurch einzig noch, was das Wort „Jünger" sagt, ein dem Wesen des Herrn Geöffneter und vom Wesen des Herrn Geprägter. Maria, die Mutter Jesu, war niemals Nichtjüngerin; durch ihre Begnadigung von Anbeginn bedurfte sie nicht eines vorgängigen Sterbens.

In der vierten Stelle, die vom Jünger, den Jesus liebhat, handelt (21,20), heißt es hier jetzt, daß er sich beim Mahl an die Brust Jesu gelehnt habe. Akzentuiert wird damit ein letztes Mal sein Jünger-Sein als der Wesensspiegel der Herrlichkeit Jesu. Auf die Frage des Petrus, mit dem gemeinsam er dem Erhöhten nachfolgt, „Herr, was ist mit diesem?", erwidert Jesus: „Wenn ich will, daß er bleibe, bis ich komme, was geht es dich an?"

Es folgt der Satz: „Da ging eine Rede unter den Brüdern: Dieser Jünger stirbt nicht; doch Jesus sprach nicht zu Petrus: ‚er stirbt nicht', sondern: ‚Wenn ich will, daß er bleibe, bis ich komme – was geht es dich an?'" – Diese ganze Stelle hat noch einmal die Lazarusperikope als Hintergrund. Der, „den Jesus liebhatte", durfte alles Todeswürdige in einem Tod zurücklassen, den Jesus selbst ihn sterben ließ durch den Aufschub seines Kommens zu ihm – um ihn aus solchem Sterben in der Verlassenheit, in der Gleichförmigkeit mit seiner eigenen Verlassenheit am Kreuz, in ein Leben reiner Jüngerschaft hinüberzurufen. Nun ist er die Inbegriffgestalt des Jüngers, Vorausverkündigung ewiger Jüngerschaft, er kann so bleiben, wie er zuinnerst ist, bis Jesus abermals „kommt" (Parusie). Er gehört der kommenden Welt schon ganz an, Jesu Wesen spiegelnd, ewiges Leben kündend. Nichts Verwelkendes ist mehr in ihm – darum ist er im Grunde auch nur als Jüngling darstellbar, jung und doch durch sein Sterben gereift, wissend und reif wie keiner neben ihm – außer jener Frau, die er zu sich nehmen durfte; lautere Quellen aus Gottes tiefem Meer, dem Urgrund Liebe. Er war der einzige, dem das Wort gegeben wurde: „Gott ist Liebe", und von dem Jesus sagte: „Wenn ich will, daß er bleibe, bis ich komme ..." (Joh 21,22).

Danach heißt es im Evangelium: „Dieser ist der Jünger, der all das bezeugte. Und wir wissen, daß sein Zeugnis wahr ist" (Joh 21,24). Der Evangelist selbst bezeugt zunächst, daß er identisch ist mit dem Jünger, den Jesus liebte, daß er sich abbildete in dem, der aus dem Tode in das Leben hinübergehen durfte. Ihm wurde jenes Sehen der Herrlichkeit Jesu gegeben, das ihn das vierte Evangelium schreiben und im Prolog die Worte finden ließ: „Wir haben seine Herrlichkeit gesehen, eine Herrlichkeit als des Einziggezeugten vom Vater, voll Gnade und Wahrheit."

Zweiter Teil
Erleuchtung und Erweckung

Das siebte Wunder Jesu wird vorbereitet durch das sechste. Beide sind Taufsymbol unter verschiedenen

Aspekten. Und hier wie dort steht eine Einzelgestalt von zeichenhafter, überindividueller Bedeutung in der Mitte des Geschehens.

> Aus dem Blindgeborenen wird ein Sehender.
> Aus dem Toten ein Lebendiger.

Die Einleitung dieser Perikopen entsprechen sich: „Es war einer von Geburt an blind ... Jesus sah ihn" (Joh 9, 1). (Wenn Jesu Sehen im Neuen Testament eigens erwähnt wird, dann ist das immer Hinweis auf das Aufstrahlen des Lichtes der göttlichen Liebe im Dunkel menschlichen Elends.) „Es war aber einer krank ... Jesus liebte ihn" (Joh 11, 1–3).

Der Blindgeborene ist – so Augustinus und vor ihm schon andere Väter – das Menschengeschlecht in Finsternis und Todesschatten, dem das Licht der Welt fehlt. Auf Jesu Geheiß wäscht sich der blinde Bettler im Teich Siloah, dessen Bezeichnung „Gesandter" den Taufbrunnen vorbildet – und „sieht". „Photismos", „Erleuchtung", so nannte man in den ersten christlichen Jahrhunderten das Taufgeschehen, wohl von dieser Perikope Johannes 9 her.

Vom kranken Lazarus gilt Entsprechendes wie vom Blindgeborenen. Er ist die auf den Tod kranke Menschheit; sie braucht den göttlichen Arzt, nichts anderes kann sie heilen als dessen Liebe. Er kommt, Christus; aber er läßt den, den er liebt, und weil er ihn liebt, zuvor sterben, damit alles Kranke und Todverfallene in seinem Tode zurückbleibt, und erweckt ihn zu neuem Leben in der Unvergänglichkeit der Gotteskindschaft. Als Heilsbedürftiger und Heilersehnender war er „der, den Jesus liebte"; als der von Jesus neu ins Leben Gerufene wird er „der Jünger, den Jesus liebt", als solcher begegnet er Joh 13 im Schoße Jesu wie der Lazarus des lukanischen Gleichnisses Lk 16 im Schoße Abrahams. Jünger, das bedeutet über Erleuchteter, Getaufter hinaus, daß einer, sich selbst gestorben, fortan Jesu Leben in allem teilt, seinen Worten lauscht, seinen Weg mitgeht, sein Wesen spiegelt und sein Evangelium verkündet. Die Ähnlichkeiten gehen weiter.

Der in der Orienthitze alsbald versteinernden Decke aus Lehm und Speichel, die Jesus über die Augen des Blindgeborenen macht, entspricht der Stein über dem Grab des Lazarus. Beide sind Wille Christi. Denn auch den Grabstein in der Lazarusgeschichte verursacht und verantwortet Jesu Liebe dadurch, daß er dem todkranken Freund seine lebenrettende Gegenwart vorenthält.

Beide Decken oder Steine bedürfen der Entfernung, damit die Herrlichkeit Gottes im Heil der Betroffenen für viele offenbar werden kann. Dabei kommt das Ja der Heilbedürftigen zum Erlöserwillen Christi je anders ins Spiel. Der Blindgeborene darf selber erste Schritte auf sein Heil zu tun, indem er die quälende Decke, die ihm seinen armseligen Zustand erst bewußtmacht, im Teiche Siloah abwäscht. Nun sieht er. Im Hin und Her von Fragenden, ob er es sei, den sie doch als den blinden Bettler am Wege kannten, bekennt er strahlend: „Ich bin" – im Urtext „Ego eimi". Das Johannesevangelium läßt ihn als den einzigen Menschen außer Jesus selbst dieses Wort sagen. „Ego eimi", das ist in der Septuaginta auch Jahwes Wort Moses gegenüber im brennenden Dornbusch auf die Frage „Wer bist du?"

„Ich bin", das bedeutet im Munde dessen, der blind war und jetzt sieht: Ich bin wieder, wozu Gott mich schuf, sein Ebenbild, befreit zu mir selbst.

Aber bevor nun Jesus selbst sich ihm offenbart, damit er fortan eigentlicher und bleibend das Licht des Lebens habe, wird seine neue Freiheit geprüft, ob sie bis in sein Herz reicht, ob er sie und seinen Befreier erwählt: Er kommt ins Kreuzverhör der religiösen Autoritäten, die ihm seine Freiheit und seinen Befreier ausreden wollen, weil dieser ihn gegen das Gesetz geheilt habe, an einem Sabbat. Wenn er ihren Argumenten kein Gehör schenkt, setzt er die Einbürgerung in seine Sippen- und Volksgemeinschaft, die er als Geheilter erwarten darf, sofort wieder aufs Spiel. Aber mit der Unbefangenheit und dem Freimut eines Kindes, dem Menschsein noch nicht durch andere verstellt ist, und das vor Autoritäten noch keine Angst hat, bekennt er sich unbeirrt zu dem als Gottesmann, dem er sein Augenlicht verdankt, obwohl er ihn selbst noch nicht zu Gesicht bekam. So bewährt und erhält er seine Freiheit. Darauf stoßen sie ihn aus. Nun geht Jesus selbst auf ihn zu und läßt ihn erkennen, „wer er ist", der Menschensohn. Da fällt der Geheilte vor ihm nieder und „glaubt". Jetzt erst hat er das bleibende Licht des Lebens.

Das Glaubens- und Taufmysterium hat Sterben und Auferstehen zum Inhalt: Sich selber sterbend, ein Leben lang durch Prüfungen hindurch, ist und wird einer „neue Kreatur". Die geheilte Blinde stirbt sich selbst, indem er die Chancen eines Lebens in der Normalität des seiner Sippe und seinem Volke wieder eingegliederten Bürgers im Bekenntnis zu seinem Befreier und Erleuchter preisgibt. In solchem Sterben gewinnt er das bleibende Leben. Christus selbst leuchtet ihm auf und ein, er glaubt. – Glauben bedeutet: Christus im Auge haben als den Sohn Gottes, den Erlöser, und im Hinblick auf ihn in einer fortschreitenden Erleuchtung und Verklärung des inneren Menschen (mag auch das Äußere aufgerieben werden), vollends der werden, als der man von Gott gedacht ist.

Auch im siebten johanneischen Zeichen geschieht das Sterben und Auferstehen. Noch eigentlicher und ausschließlicher ist es sein Thema, es überbietet darin das sechste.

Der todkranke Lazarus kann physisch keine eigenen Schritte auf sein Heil hin mehr tun. Die Geschwister tun sie für ihn, sie schicken Boten zu Jesus, daß er komme. Im Unterschied zum Blindgeborenen hat Lazarus Jesu Freundschaft schon erfahren. Aber nun kommt Jesus nicht zu dem Todkranken, obwohl ihn die Nachricht von seinem Kranksein erreichte, bis dieser stirbt, verlassen von ihm, der ihn liebt. Das bedeutet, daß Lazarus den Stein, der über sein Grab gewälzt werden wird, als von Jesus verfügt im vorhinein annehmen muß, daß er ja sagen muß zu einer steinernen Decke, die er nicht mehr entfernen kann. Sterbend muß er völlig sich selber sterben, allen eigenen Wünschen, allem Hängen am eigenen Leben und Denken, auch an Vorstellungen, die er sich selbst von Jesus und seiner Freundschaft gemacht hat. Von ihm verlassen, wie Jesus von seinem Vater am Kreuz, ist er einzig ihm noch überlassen, in jenem Glauben, der sich ausspricht in den Worten der Schwestern: „Herr, wärest du hier gewesen, mein Bruder wäre nicht gestorben." Daß seine Gegenwart das Leben wäre, diesen Glauben nimmt er in den Tod hinein mit. Ob er im Hinübergang erfuhr, daß *Er* das Leben ist, da Jesus von ihm zu den Jüngern sagt: „Unser Freund ist nicht tot, er schläft nur"?

Dem also, den Jesus liebhat, wird aus göttlicher Gnade ein Sterben zugemutet und zugetraut wie niemand sonst außer der Mutter des Herrn, die Jesu Sterben, unter dem Kreuz stehend, in allem dem Herzen nach mitstarb; ihr gibt Jesus dann als letztes den zum Sohn, der ihr im Glauben und im Erfahren der verborgenen, ganz anderen göttlichen Wirklichkeit Jesu am nächsten kam.

Dritter Teil
Glauben und Herrlichkeit

Den Schlüssel für das Verstehen der Perikope von der Erweckung des Lazarus bilden die Worte Glauben und Herrlichkeit. In den Glauben hinein schenkt sich das Schauen der Herrlichkeit (Joh 11.40), schenkt sich vom Auferstandenen her allen, die glauben, der Heilige Geist und in ihm das Leben der kommenden Welt. Zu diesem Verstehen führt eine Reihe von Geschehensschritten, die auch als Einzelaussage für den Glauben bedeutsam sind. Auf einige von ihnen wollen wir hier eingehen.

„Die Schwestern des Lazarus sandten zu Jesus, um ihm zu sagen: Herr, sieh, der, den du liebhast, ist krank" (Joh 11,3).

Sie eröffnen sich einfach mit ihrer Not; die des Bruders empfinden sie als ihre eigene. In ähnlich zurückhaltender Weise eröffnet sich Maria auf der Hochzeit zu Kana: „Herr, sie haben keinen Wein." Oder der Hauptmann von Kapharnaum: „Mein Knecht liegt daheim und leidet große Qual." Diese Glaubenden stellen keine ausdrückliche Bitte, sie sagen nur, was ist, und geben Jesus anheim, was er tun will. So entspricht es einem Glauben, für den Jesus Wille in jedem Fall mehr gilt als der eigene.

„Als Jesus das hörte, sprach er: diese Krankheit ist nicht zum Tode, sondern zur Verherrlichung Gottes, damit der Sohn Gottes durch sie verherrlicht werde" (V. 4).

Ausdrücklich wird gesagt: „Als Jesus das hörte", und damit nicht überhört wird, welchen Akzent hier das Wort „hören" hat, das gleiche nochmals in V. 6: „als er nun hörte, daß er krank sei". Damit er „hören", und das heißt bei ihm: „erhören" kann, will er, daß wir ihn anrufen, uns mit unserer Not ihm anheimgeben. Unsere gläubige Bitte leitet die „Stunde" seiner Offenbarung ein, läßt den Kairos der Herrlichkeit, die er als der Erhöhte in seinem Opfertod erlangt, daß Gott in ihm da ist für uns, zum Vor-schein kommen, Tatzeichen, Vorverkündigung werden.

Der Zusammenhang zwischen gläubiger Offenheit und Offenbarung der Herrlichkeit, zwischen entsprechend vertrauender Bitte und Erhörung wird im Johannesevangelium erstmals 2,4 angedeutet: „Frau, was habe ich mit dir zu schaffen, meine Stunde ist noch nicht gekommen", erwidert Jesus der bittenden Maria – und scheint sie damit zurückzuweisen. In Wirklichkeit enthält der Hinweis auf das „Noch-Nicht" der „Stunde" für ein gläubiges Ohr die Bedeutung, daß es zunächst um das

„Jetzt" geht. Das Noch-Nicht wird aber zum Jetzt, wenn Glaube an seine Herrlichkeit auf deren Offenbarwerden in menschliche Not hinein vertraut. Mit seiner herben Antwort distanziert sich Jesus nur von Fleisch und Blut – die Distanzierung liegt schon in der Anrede „Frau" statt „Mutter" – und prüft damit den verborgenen Ursprung der Bitte. Kommt die Bitte „von oben", aus einem Glauben, der nur dem Vater verdankt sein kann? Oder kommt sie „von unten" – aus einem Interesse, das in der Sphäre irdischer Anliegen verbleibt, das sich selbst nicht auf Ihn hin überschreitet? Marias Glaube stammt ebenso „von oben", wie Jesus „von oben" kommt; dieser Glaube ist der Sphäre, die in Jesu Antwort durchdringt, kongenial, innerlich konform. Von solchem Glauben kann Jesus sich nicht distanzieren. Im Gegenteil, die scheinbare Distanz als das verborgene Andringen seiner Herrlichkeit ruft nach solchem Glauben. Maria hört darum Ermutigung aus Worten heraus, die für ein anderes Ohr wie Ablehnung klingen.

Jesu Anspielung auf die Stunde und ihr Noch-Nicht ist zugleich Ausdruck seiner Sehnsucht nach ihrem Anbruch – Liebe will sich ja schenken dürfen! Glaube bewirkt, daß das geschehen kann. Darum der in allen Evangelien in immer anderen Versionen durchdringende Ruf Jesu: „Wenn ihr Glauben hättet!" (Mt 17,19; 21,21; Mk 4,40; Lk 11,22; 8,25).

Es ist dieser von Jesus ersehnte Glaube, der Maria auf Jesu Erwiderung hin zu den Dienern ohne weiteres sagen läßt: „Was immer er euch sagt, das tut!" Den Dienern sagt sie das, weil sie intuitiv weiß, daß die Art, wie Jesus erhört, gewöhnliche Vorstellungen und Maße sprengt.

„Jesus aber liebte die Martha und ihre Schwester und den Lazarus. Als er nun hörte, daß Lazarus krank sei, da blieb er noch zwei Tage an dem Ort, wo er war" (V. 5.6).

Die Wiederholung „als er nun hörte" läßt zunächst erwarten, es würde jetzt heißen: da brach er auf; statt dessen heißt es: „da blieb er, wo er war". Er erhört so, daß er die Freunde, die nach ihm schicken, zunächst in noch tiefere Not bringt, da er Lazarus sterben läßt. Seine Erhörung geschieht auf eine Weise, die über alles von den Bittenden Erwartete hinausgeht.

„Danach sagte er zu den Jüngern: Laßt uns wieder nach Judäa gehen" (V. 7).

Wenn hier das Wort Judäa statt Bethanien steht, so ist es als Chiffre für den Machtbereich der Gegner Jesu zu verstehen. Entsprechendes gilt für das Wort „die Juden" im folgenden:

„Die Jünger sagten zu ihm: Meister, eben suchten die Juden dich zu steinigen, und du willst wieder dorthin? Jesus antwortete: Sind nicht zwölf Stunden am Tag? Wenn einer am Tage umhergeht, so strauchelt er nicht, denn er sieht das Licht dieser Welt. Wenn einer aber bei Nacht umhergeht, strauchelt er, denn das Licht ist nicht bei ihm" (V. 8.9.10).

Wie der Sonnentag seine ihm vom Schöpfer gesetzte Stundengrenze hat, so hat die Zeit des sichtbaren Wirkens Christi in dieser Welt ihre vom Vater vorbestimmte Dauer, daran kann niemand etwas ändern, sowenig wie am Sonnenaufgang und -untergang. Das gleiche gilt für das Wirken der Jünger – und das unsere. Solange wir nicht selbstmächtig leben und wirken, bewegt sich unser Leben im Licht. Nur wenn einer die Grenze, die Gott seinem Wirken gesetzt hat, welche Gestalt sie auch immer haben mag, nicht annähme, sie eigensinnig überschritte, würde er selber stolpern, statt andere aufzurichten. In der Annahme der ihm gesetzten Grenzen erfährt der Mensch die unbegrenzte Liebe Gottes, ist er von ihm geführt und behütet.

„Dieses sprach er, und danach sagte er zu ihnen: Lazarus, unser Freund ist eingeschlafen, aber ich gehe hin, um ihn aufzuwecken“ (V. 11).

Das Wort Schlaf braucht Jesus auch beim toten Töchterlein des Jairus. Der Tod derer, die nicht in der Gottlosigkeit sterben, in der Abwendung von ihm und seinem Gebot, sondern als solche, die Gottes Angesicht suchen, ist nur ein Schlaf, aus dem Gott sie durch Christu auferweckt. Was im Innersten des Menschen gnadenhafte Ausrichtung auf Gott ist, überdauert seinen zeitlichen Tod, macht die verborgene Eigentlichkeit seines Lebens aus, so daß sein Sterben vor Gott und für Gott nur ein Schlaf ist.

„Da sprachen die Jünger zu ihm: Herr, wenn er schläft, wird er gesund werden. Jesus aber hatte von seinem Tode gesprochen, jene meinten, er spreche vom Einschlafen zum Schlaf“ (V. 12.13).

Eine typisch johanneische Wendung im Dialog Jesu mit Menschen, die noch auf ihrer bisherigen Ebene denken und leben: Sie verstehen ihn buchstäblich, erfassen nicht gleich den tieferen Sinn seiner Worte. Das führt dann in der Regel zu einer weiteren Offenbarung Jesu.

„Darauf nun sagte ihnen Jesus offen: Lazarus ist gestorben, und ich freue mich euretwillen, daß ich nicht dort war, damit ihr glaubt ...“ (V. 14.15).

„... ich freue mich, daß ich nicht dort war." Wäre er dort gewesen, so wäre Lazarus nicht gestorben, wie beide Geschwister bald darauf mit Recht bekennen. Dazu Origenes: „Unmöglich kann jemand sterben, wenn Jesus da ist", und Thomas von Aquin: „Wo das Leben zugegen ist, hat der Tod keinen Raum."

„ ... damit ihr glaubt" – an die Herrlichkeit Christi glaubt. Hier ist auf den Glauben hingewiesen, der im Gespräch Jesu mit Martha zur Sprache kommt in dem Wort: „Ich bin die Auferstehung und das Leben!" Zu diesem Glauben muß Jesus Martha und die Jünger durch das Lazaruszeichen erst hinführen. Maria ist in dieser Geschichte der einzige Mensch, der Jesus solchen Glauben schon entgegenbringt.

„Laßt uns also zu ihm gehen ..." – „zu ihm": Wie zu einem Lebendigen, nur Schlafenden, denn so würde man von einem Leichnam nicht reden.

„Da sprach Thomas, der Didymus (Zwilling) genannt wird, zu den Mitjüngern: Laßt uns auch hingehen, damit wir mit ihm sterben" (V. 16).

Es ist sicher Absicht des Evangelisten, wenn er mit dem Namen Thomas (auch Joh 20,24) die Bemerkung verbindet: der Didymus genannt wird.

In der einen Person eines jeden Menschen steckt etwas Zwillinghaftes, gibt es einen erdverhafteten Esau und einen segensuchenden Jakob. Bei Thomas zeigt sich das in drastischer, typischer Ausprägung wie bei keinem anderen Jünger. Er beharrt auf der rein irdischen Sicht der Dinge, auf den Gesichtspunkten und Interessen eines Menschen dieser Erde. Andererseits erweist er sich als besonders „gezogen" zu Jesus, seine Gefolgschaftstreue geht, wie unser Text sagt, bis zur Todesbereitschaft.

Doch nach den beiden weiteren Äußerungen, die es von Thomas gibt, Joh 14, 5 und 20, 24, ist er nicht leicht geneigt, sich auf Übernatürliches einzulassen. Er ist festgelegt auf erdhaftes Erfahrenwollen: So weigert er sich später auch, Jesu Auferstehung zu glauben, wenn er ihn nicht als den Gekreuzigten betastet. Ausgerechnet er wird dann durch den Auferstandenen zu dem Christusbekenntnis überwunden, das den Höhepunkt des vierten Evangeliums bildet. Er fällt vor ihm nieder mit den Worten: „Mein Herr und mein Gott!" Thomas ist der Typus eines unreligiösen Menschen. Religiös sein, fromm sein, muß nicht bedeuten: gläubig oder auch nur glaubensbereit sein. Und umgekehrt: Glauben setzt nicht unbedingt Religiosität voraus.

Und was will die Didymusgestalt im Zusammenhang des Evangeliums den Hörern sagen? Durch die Auferstehung Jesu ist und wird der Didymus auch in uns überwunden. Durch Glauben an die Herrlichkeit Christi sind wir vom Zwillinghaften erlöst, wenngleich es sich resthaft immer noch geltend machen kann, wie etwa bei den Jüngern in der Geschichte der Offenbarung Jesu am See von Tiberias (Joh 21, 12), in der Thomas ein letztes Mal Didymus genannt wird. Jesus sagt zu ihnen: „Kommt zum Frühmahl!" Und nun heißt es weiter: „Keiner der Jünger aber wagte ihn auszuforschen: Wer bist du, denn sie wußten, daß es der Herr war." Dieses ihn doch noch von der Erdseite her Ausfragen –, in das Erdwissen Hineinbringen-Wollen, das ist der Didymusrest in den Jüngern, der nun aber tatsächlich nicht mehr aufkommt gegenüber dem Osterglauben, der „weiß, wer Er ist" (Joh 4, 10).

Der Zwilling in uns ist überwunden durch den Glauben, denn beide sind eins in dem Einen, beide, der Mensch der Erde, der wir sind, und das Kind des Lichtes, sind „als Erstlinge seiner Schöpfung" (Jak 1, 18), „zur Seligkeit erwählt" (2 Thess 2, 12): Die Erde verliert für den, dem der Osterglaube geschenkt ist, ihr nach unten ziehendes Eigengewicht.

„Als nun Jesus ankam, fand er ihn schon vier Tage im Grab liegen. Bethanien aber war nah bei Jerusalem, etwa fünfzehn Stadien entfernt. Es waren viele von den Juden zu Martha und Maria gekommen, um sie ihres Bruders wegen zu trösten" (V. 17–19).

An dieser Stelle dringt einmal mehr durch, daß das Haus dieser Geschwister ein sehr angesehenes gewesen sein muß; auch bei der Salbung Jesu durch Maria von Bethanien (12, 3) wird das deutlich. Es war also ein „reiches" Haus, was nicht hinderte (wie manche heute gerne möchten), daß Jesus die liebte, die darin wohnten, und daß er gerne bei ihnen verweilte.

„Als nun Martha hörte, daß Jesus komme, ging sie ihm entgegen, Maria aber blieb zu Hause. Da sagte Martha zu Jesus: Herr, wärest du hier gewesen, so wäre mein Bruder nicht gestorben. Auch jetzt weiß ich: Alles, um was du Gott bittest, wird Gott dir geben" (V. 20.21.22).

Martha fragt nicht etwa direkt: Warum bist du nicht rechtzeitig gekommen? Das steht ihr nicht zu. Sie sagt: „Auch jetzt weiß ich, alles, um was du Gott bittest, wird dir Gott geben."

„Jesus sagte zu ihr: Dein Bruder wird auferstehen“ (V. 23).

Dieses Wort hat zwei Bedeutungen: Es zielt auf die unmittelbar bevorstehende Erweckung des Lazarus und die am Jüngsten Tag.

„Martha sagte zu ihm: Ich weiß, daß er auferstehen wird bei der Auferstehung am Letzten Tag“ (V. 24).

Wieder das „ich weiß", und doch erweist Martha sich gerade mit diesem Wort als jene, die zum Unterschied zu der „wissenden" Maria noch nicht wirklich ‚weiß' – nämlich „wer der ist, der zu ihr spricht" (vgl. Joh 4, 10).

„Jesus sprach zu ihr: Ich bin die Auferstehung und das Leben. Wer an mich glaubt, wird leben, auch wenn er gestorben ist, und jeder, der lebt und an mich glaubt, wird in Ewigkeit nicht sterben. Glaubst du das?“ (V. 25.26).

Der Dialog hat seine Parallele in dem des Herrn mit der Samariterin Joh 4, 14. Wie jener offenbart Jesus der Martha, freilich für sie noch verschlüsselt, was sie über die Schwelle zum wirklichen Wissen hinüberführen kann: „wer er ist". Wer weiß, wer Jesus ist, wer im Glauben aufgetan ist für das Wesen Jesu als die Auferstehung und das Leben in Person, dem schenkt sich schon jetzt sein göttliches Leben, wesenseins mit dem des Vaters, und dessen Tod ist dann kein wirkliches Sterben mehr. In dessen Sterben bleibt nur zurück, was noch „alter" fleischlicher Mensch war, was hindern könnte, daß Jesu Leben in ihm zur vollen Wirklichkeit des Einsseins mit ihm im ewigen Leben wird.

„Sie sagt zu ihm: Ja, Herr, ich habe Glauben, daß du der Christus, der Sohn Gottes bist, der in die Welt kommt“ (V. 27).

Diese Worte erinnern an das Nathanael-Bekenntnis 1,49, aber auch an das des Petrus bei den Synoptikern, wie überhaupt Martha in ihrer spontanen Wesensart dem Petrus so ähnlich ist wie ihre Schwester Maria dem „Jünger, den Jesus liebhat". Kennzeichnend für sie ist die Eigeninitiative aus natürlich ichhaftem Antrieb; wie Petrus hat sie immer wieder selber das Wort, gibt sie dem Wort, das Jesus spricht und ist, noch nicht gläubig vertrauend allen Raum. Sie lebt auf Christus hin, im dienenden Einsatz für ihn, noch nicht von ihm her.

„Und als sie dies gesagt hatte, ging sie weg, rief heimlich ihre Schwester Maria und sagte: Der Meister ist da und ruft dich" (V. 28).

Martha wird jetzt von Jesus in Dienst genommen, in den Dienst eines Geschehens, bei dem nicht sie, sondern Maria das Gegenüber Jesu im Glauben sein wird. Martha kommt dann nur noch einmal ins Spiel mit ihrem erschrocken ungläubigen Einwurf: „Herr, er riecht schon, es ist ja bereits der vierte Tag!" Daß sie mit diesem Einspruch gegen Jesu Geheiß: „Hebt den Stein weg" selber aus der Sphäre des Todes kommt, deutet der Evangelist dadurch an, daß er an dieser Stelle ihrem Namen hinzufügt: „die Schwester des Verstorbenen".

Im Neuen Testament kommt das griechische Wort latra für „heimlich" zum erstenmal vor an der Stelle, wo Joseph Maria „heimlich" zu entlassen gedenkt; hier bei Johannes kommt es zum letztenmal vor. Und hier wie dort ist das mit dem Wort „heimlich" gemeinte Verhalten bezogen auf ein Mysterium, das seinem Wesen nach auf Verborgenheit vor Unberufenen drängt. In der Botschaft an Maria: „Der Meister ist da und ruft dich", geht es nicht nur um Äußeres. Warum ruft Jesus Maria? Dieser Ruf geht dem Ruf voraus, mit dem er Lazarus aus dem Grabe ruft. Er ruft den Menschen, der an seine Herrlichkeit glaubt, bevor er diese Herrlichkeit in der Erweckung dessen, den er liebhat, offenbar macht. In diesen Zusammenhang gehört auch das Wort: „Der Meister ist da." Darin liegt für Maria: Es ist der da, in dem Gott für uns da ist. Darum heißt es weiter:

„Als Maria das hörte, steht sie eilends auf und geht zu ihm" (V. 29).

Das Wort „eilends" wird wiederholt, damit man es nicht überhört: „Als die Juden, die bei ihr waren, sahen, daß sie eilends aufstand ..." (V. 31): Das ist die Eile, die der Geist Jesu in seinem Wort schenkt und wirkt: Wer Jesu Wort und Ruf gläubig hört, dessen Gehorsam hat drei Kennzeichen: sogleich, freudig, ganz. So eilt Maria zu Elisabeth, so eilt Zachäus, da er Jesus sehen will, und wiederum, da dieser sich bei ihm einlädt, so wird das Drängen des Geistes auf Unverzüglichkeit in der Verwirklichung der Werke Gottes in Jesu eigenem Leben bei Markus viele Male gekennzeichnet mit dem kleinen Wort „eutys – sofort".

„Jesus war aber noch nicht in das Dorf *gekommen (wo Maria war), sondern er war noch an dem* Ort, *wohin Martha ihm entgegengegangen war"* (V. 30).

In diesem Satz fällt besonders auf die Unterscheidung von Komä (für den Marienbereich) und Topos, den „Ort", wohin Martha Jesus entgegengegangen war.

„Als nun die Juden, die bei Maria im Hause waren, um sie zu trösten, sahen, daß sie schnell *aufstand und hinausging, folgten sie ihr, da sie meinten, sie gehe zum*

Grab, um dort zu weinen. Und als Maria dahin kam, wo Jesus war, und ihn sah, fiel sie zu seinen Füßen und sagte zu ihm: Herr, wärest du hier gewesen, so wäre mein Bruder nicht gestorben" (V. 31.32).

Die Juden meinen, das schnelle Aufstehen und Hinausgehen Marias habe das Grab zum Ziel, nicht Jesus – den Tod, nicht das Leben; sie vermuten, sie gehe zum Grab, um dort zu weinen; im folgenden Satz heißt es dann aber: „Und als Maria dahin kam, wo Jesus war". Auffällig die Wendung „dahin kam, wo Jesus war" statt einfach „zu Jesus". Der Bereich, „wo Jesus ist", bildet die Gegenwirklichkeit zu Grab. Die Lebenssphäre wird so der Todessphäre entgegengesetzt. „Wo Jesus ist" entspricht dem „wo er wohnt" (Joh 1,38ff.). „Und ihn sah" – auch dieses Wort würde sich im Erzählungsrahmen erübrigen, doch beachtet sein will es offenbar im Zusammenhang mit dem folgenden: „da fiel sie ihm zu Füßen". Dieses Sehen und dieses Niederknien haben den Zusammenhang, den Jesus wenige Verse später Martha gegenüber zur Sprache bringt mit den Worten: „Würdest du glauben, du sähest die Herrlichkeit Gottes" (V. 40). Der Maria ist eben dieses gläubige Sehen geschenkt, sie kommt dorthin, „wo Jesus ist", und er ist „in dem, was des Vaters ist".

„Als aber Jesus sah, wie sie weinte und wie die Juden, die mit ihr gekommen waren, weinten, ergrimmte er im Geist und betrübte sich selbst im Inneren und sprach: Wo habt ihr ihn hingelegt? Sie sagten zu ihm: Komm und sieh" (V. 33).

Maria kam dahin, wo Jesus war, in den Bereich des Lebens. Sie „sah" ihn, seine Herrlichkeit. – Was Jesus jetzt

„sieht", ist zunächst Reflex des Todes im Weinen Marias über einen Gestorbenen, über entrissenes Leben, über Trennung, für die es im Grunde nur einen Trost gibt: Wiedervereinigung. Neben der weinenden Maria wird das Weinen derer erwähnt, „die mit ihr gekommen waren". Von den gleichen Leuten ist in V. 46 die Rede als von solchen, die „zu ihr gekommen waren" und auf das Zeichen der Lazaruserweckung hin glaubten. Das „mit Maria" und „zu Maria" spielt auf die Glaubenssphäre an, die sich in ihrer Gestalt wie ihrem Namen chiffriert.

„Jesus ergrimmt im Geist und betrübt sich selbst (aktiv) im Inneren": er sieht sich jetzt seinem Gegensatz gegenüber, dem Tod, wie einem Erzfeind, den es zu überwältigen und zu entmächtigen gilt. Die Frage: „Wo habt ihr ihn hingelegt?" (V. 34) avisiert sein entschlossenes Auf-ihn-Zugehen.

„Sie sagen zu ihm: Herr, komm und sieh" (V. 34).

Hier geschieht gleichsam eine Umkehrung des Vorgangs von 1,38 ff. Da fragen die vom Täufer in die Nachfolge Jesu gewiesenen ersten beiden Jünger den Herrn: „Meister, wo wohnst du?" Er antwortete: „Kommt und seht!" Die Jüngerfrage geht nicht auf vier Wände, sondern auf den Bereich, in dem Jesus sein eigentliches Zuhause hat. Er hat es „in dem, was seines Vaters ist" (Lk 2,49). Was sie sahen – in einem ersten, sie überwältigenden „Sehen", das bei Johannes immer ein Wahrnehmen des ganzen Menschen ist –, drückt sich darin aus, daß sie daraufhin zu ihren Brüdern und Freunden eilen mit der Freudenbotschaft: „Wir haben den Messias gefunden." Mit anderen Worten, er hatte sie in ein wahres Zuhause mitgenommen, sein Wesen leuchtete ihnen im Verweilen bei ihm ein und auf. Sie sahen „seine Herrlichkeit als des Eingeborenen vom Vater".

Nun also fragt Jesus umgekehrt nach dem Wo des Grabes, was hier wie 1,38 Arkanbedeutung hat. Die Antwort der Juden entspricht genau der seinen, als er die Jünger damals einlud, zu sehen, wo er wohnte, mit den Worten: „Kommt und seht!" Die Juden sagen jetzt zu ihm: „Komm und sieh!" Das ist entsprechend gegenpolig zu verstehen: als Aufforderung zum Hineingehen Jesu in die Sphäre dieses Wo des Grabes – Vorverkündigung seines eigenen Sterbens.

„Und Jesus weinte ..." (V. 35).

Der griechische Urtext gebraucht für Jesu Weinen einen anderen Ausdruck als für das Weinen Marias und der Juden, die bei ihr waren. Bei diesen wird eine Vokabel gebraucht (klaio), in der die Nuance „Klagen" und „Beweinen" mitschwingt. Jesu Weinen (dakryo) ist einfach ein Ausdruck des Ergriffenseins von Leid, von Mitleid. Luther übersetzt, um diesen Unterschied anzudeuten: „Da gingen ihm die Augen über." Jesu Ergrimmen galt dem Erzfeind des Lebens, dem Tod, auf den er jetzt zugeht, um ihm seine Beute zu entreißen. Sein Weinen ist Leiden mit den Leidenden, gilt den Trauernden, denen geliebtes Leben entrissen ist. Ihren Tränen gibt er recht, als der Menschgewordene weint er mit den Weinenden.

„Da sagten die Juden: Seht, wie lieb er ihn hatte! Etliche unter ihnen aber sprachen: Konnte der, der den Blinden die Augen auftat, nicht bewirken, daß auch dieser nicht stürbe?" (V. 36.37).

Die einen schauen, ähnlich wie Maria, von sich weg

auf Jesus, sehen seine Tränen und darin seine Liebe. Die anderen verbleiben in sich selber und gehen darum in kritische Distanz. Ihr Ich wirft sich ungefragt zum Richter auf über Jesus. Sie meinen zu wissen, wer er ist. Am Ende bilden sie die Gruppe derer, von denen es in V. 46 heißt: „Sie gingen hin zu den Pharisäern und sagten ihnen, was Jesus getan hatte." Die einen sehen im Zeichen seine Herrlichkeit, die anderen „sehen" das Zeichen nicht, sondern nur den äußeren Befund und denunzieren Jesus, weil er das Zeichen wirkt.

„Jesus nun ergrimmte abermals in seinem Innern und kommt zum Grab" (V. 38).

Aus der Hoheit und Macht des Lebendigen, der das Leben in sich selbst hat, tritt er nun, als grimmiger Gegner, entschlossen in die Sphäre des Todes ein.

„Es war aber eine Höhle, und ein Stein lag vor ihr. Jesus sprach: Hebt den Stein weg! Martha, die Schwester des Verstorbenen, sagt zu ihm: Herr, er riecht schon, es ist ja bereits der vierte Tag" (V. 39).

Er befiehlt: „Hebt den Stein weg!" Einer, von dem schon Verwesungsgeruch ausgeht, soll aus dem Grab herauskommen.

Bei den drei Toten, die nach den vier Evangelien Jesus erweckt, dem Töchterlein des Jairus, dem Jüngling von Naim und Lazarus, ist der Tod jeweils tiefer vollendet und von gereifterem Leben erfahren. Das Mädchen ist eben erst entschlafen, der tote Jüngling befindet sich auf dem offenen Weg zum Grab, Lazarus liegt schon den vierten Tag in der Gruft. Gleichnishaft sind die drei Stufen des Todes in der Sünde dargestellt, auf die der Anfang des ersten Psalms hinweist mit den Worten: „Selig, wer sich nicht abkehrt zum Rat der Gottlosen, noch sich auf dem Weg der Sünder befindet, noch sitzt, wo die Spötter sitzen." Das ist der Anfang von Tod: die innere Abwendung von Gott, aus einer schlechten Vorentscheidung: man holt sich Rat bei Gottlosen – noch ist der Tod nach außen hin nicht sichtbar, aber er ist bereits eingetreten. Sein Bild: das tote Mädchen in der Kammer. Die zweite Stufe: das sündige Tun auf den Straßen des Lebens. Bild dieses Todes: der Jüngling auf offener Bahre und auf dem Wege zum Grab. Dritte Todesstufe: Die Sünde wird ansteckend, verführt andere mit zum Bösen, errichtet ihre eigene Kanzeln. Die Vulgata übersetzt hier: „sedet in cathedra pestilentiae", der Sünder „sitzt auf dem Lehrstuhl der Pest". Bild dieser Todestiefe: der verwesende Lazarus. Die drei Totenerweckungen durch Jesus sagen uns: Er hat Macht über jeden Tod.

Wem er befiehlt: „Hebt den Stein weg!", wird nicht gesagt. Gemeint sind wir alle. Der unwillkürliche Einspruch der erschrockenen Martha „Herr, er riecht schon!" kennzeichnet sie noch einmal als jene, deren alter Mensch immer wieder das Sagen hat und die zum wirklichen Glauben erst noch überwunden werden muß (V. 40). Nicht zufällig nennt sie der Evangelist hier eigens die Schwester des *Verstorbenen.*

„Da hoben sie den Stein weg" (V. 41).

Für die Erweckung eines Menschen will Christus unseren liebenden Mitdienst. Bei den drei Totenerweckungen, von denen die Evangelien berichten, sind zunächst immer Fürbitter im Spiel, beim Töchterlein ist es Jairus, beim Jüngling sind es die Tränen der Mutter, bei Lazarus die Geschwister. Die das Leben haben, sollen es denen erbitten, die es nicht mehr haben, so erweisen sie sich selbst als lebendig.

Aber auch den Stein müssen wir wegwälzen helfen. Daß das Licht des Lebens in einen selbstverschlossenen, gottabgewandten Menschen eindringen kann, daran werden wir mit unseren Möglichkeiten beteiligt, die jedem wahren Gebet, jedem liebenden Tun und Verhalten innewohnen. Wir sind immer mitgefragt und kommen mit ins Spiel, wenn da ein Nächster im Finstern der Selbstverschlossenheit und Liebeleere ver-west. „Hebt den Stein weg!", das ruft uns auf, herauszufinden und zu verwirklichen, was geschehen kann, damit dem anderen der „Stein vom Herzen fällt".

„Jesus aber hob die Augen nach oben und sprach: Vater, ich danke dir, daß du mich erhört hast. Ich wußte zwar, daß du mich allzeit erhörst, aber um des Volkes willen, das umhersteht, habe ich es gesagt, damit sie glauben, daß du mich gesandt hast" (V. 41.42).

Alles Heilswirken Jesu ist zugleich Frucht seines Gebetes, alle Vollmacht empfängt er in sein Gebet hinein, in die betende Hinwendung zum Vater. Das Gebet, das er jetzt spricht, ist ein Rückverweis auf 5,30: „Ich kann nichts von mir aus tun ... Ich suche nicht meinen Willen, sondern den Willen dessen, der mich gesandt hat ... er ist es, der von mir zeugt."

„Ich danke dir, daß du mich erhört hast", so spricht Jesus im Perfekt, bevor die Erweckung des Lazarus geschieht. Entsprechend fordert er auch uns in Markus 11,24 auf: „Alles, was ihr bittet in eurem Gebet, glaubt, daß ihr es empfangen habt, und es wird euch zuteil." Unser Gebet soll davon ausgehen, daß der Ratschluß Gottes es bereits in uns bewirkt hat, *damit* die Erhörung geschehe; daß also in Gottes Ewigkeit Geschehen und Geschenk ist, was wir in der Zeit erbitten.

Das öffentliche Gebet Jesu zum Vater mit seiner darauffolgenden sichtbaren Erhörung in der Lazaruserwekkung bezeugt ein letztes Mal in seinem öffentlichen Leben sein Gesandtsein von Gott, „... damit sie glauben, daß du mich gesandt hast".

„Dann rief er mit lauter Stimme: Lazarus, komm heraus" (V. 43).

Die Weise, in der Jesus aus dem Tode ins Leben ruft, ist den drei Stufen des Todes entsprechend verschieden. Aus dem Leib des eben erst entschlafenen Mägdleins ist das Leben noch nicht endgültig entwichen; er ergreift es bei der Hand. Noch hat Jesu leiblicher Kontakt mit ihr erweckende Macht. Beim Jüngling zu Naim rührt er die Bahre an. Den Trägern ist damit Einhalt geboten – der Symbolsinn: die mitbeteiligt sind am Sündentod eines Menschen, haben jetzt ihre Rolle ausgespielt –, dann spricht er zu dem Gestorbenen: „Jüngling, ich sage dir, stehe auf!" Und der Tote richtet sich auf. Lazarus ruft er mit der Lautstärke, die man gebraucht, um einen Fernen zu erreichen, „mit lauter Stimme": „Lazarus, komm heraus!"

„Der Verstorbene kam heraus, an Füßen und Händen mit Binden gebunden und sein Gesicht mit einem Schweißtuch umwunden. Jesus sagte zu ihnen: Löst ihn, und laßt ihn gehen" (V. 44).

Auch daran werden wir beteiligt: die Todesfesseln, mit denen ein dem neuen Leben Geschenkter noch gebunden ist, vollends zu lösen. Alle Befreiten sind berufen, mitzuhelfen bei solchem Lösen durch ihre eigene Gelöstheit, ihre Gelassenheit, ihr Beispiel der Freude und Liebe, so wie wir selber dieses Dienstes bedürfen können.

„Viele von den Juden nun, die zu Maria *gekommen waren und gesehen hatten, was er getan, glaubten an ihn“* (V. 45).

Die zu *Maria* Gekommenen „sehen“, was Jesus tut, und glauben an ihn. Am Beginn und am Schluß der Perikope wird das Zeichen geortet: Das Zeichen geschieht dort, wo der Glaube weiß, „wer er ist“. Und wer dorthin kommt und das Zeichen „sieht“, es wahrnimmt mit dem ganzen Menschen, wird miterreicht von der Herrlichkeit und glaubt.

3. Maria von Bethanien salbt Jesus

„... dann nahm Maria ein Pfund echten kostbaren Nardenöls, salbte die Füße Jesu und wischte mit ihren Haaren seine Füße ab. Das Haus aber wurde erfüllt vom Duft des Öls.“

Matthäus und Markus erwähnen nur eine Salbung des Hauptes Jesu, womit man nach jüdischer Sitte die Gäste ehrte (und die Simon, der Pharisäer, Jesus vorenthielt; Lk 7.46).

Es muß Johannes daran gelegen haben, uns Maria ein drittes Mal zu Füßen Jesu sehen zu lassen, um ihren Glauben zu kennzeichnen. Die Füße wurden den Gästen vor dem Mahl gewaschen, denn mit ausgezogenen Sandalen legte man sich zum Essen auf die Decken oder die

Diwane. Maria salbt Jesu Füße während des Mahles, das ist ein völlig ungewöhnlicher Dienst der Liebe, man muß ihn zusammensehen mit der Fußwaschung, die Jesus wenig später an seinen Jüngern vollzieht, auch sie findet während eines Mahles, nicht vorher statt, als ein Akt von eigener Bedeutung, sie wird von Jesus selbst einem tieferen Verstehen der Jünger nahegebracht mit dem Wort an Simon Petrus: „Wenn ich dich nicht wasche, hast du keinen Teil an mir." Daß wir uns durch den letzten Dienst, den Jesus uns als der für uns leidende Gottesknecht tut, von unseren Sünden reinigen lassen – diesen Dienst bildet die Fußwaschung vor –, ist die Voraussetzung für unser Einswerden mit ihm.

Daß Maria Jesu Füße nicht etwa wäscht, sondern während des Mahles salbt, will beachtet sein. Das ist eine Eingebung der Liebe, die sie Ostern ähnlich vorausnehmen läßt, wie die Fußwaschung beim Abendmahl Golgotha im Symbol vorwegnahm. Die Salbung Jesu durch Maria ist prophetischer Hinweis auf den Geist, den Jesus im Tode aushaucht und von Ostern her in göttlicher Fülle seiner Kirche einhaucht.

„Sie nahm ein Pfund echten kostbaren Nardenöls." Der Veranschaulichung dieses Geschehens dient hier die parallele Erzählung bei Markus. Nach ihm zerbrach Maria ein Alabastergefäß mit Narde und goß es über sein Haar. Ein Pfund war es, so sagt Johannes, und weist damit entsprechend auf den Inhalt eines ganzen Gefäßes und den Überschwang des Geschehens hin. Maria muß nach der Salbung des Hauptes Jesu alles, was übrig war, über seine Füße ausgegossen haben, diese wischt sie mit ihren Haaren ab (ähnlich wie die Sünderin im Hause Simons, des Pharisäers, ihre über die Füße Jesu geweinten Tränen abtrocknet).

„Das Haus aber wurde erfüllt vom Duft des Öls." In diesem Satz dringt das österliche Symbol vollends durch: Das zerbrochene Nardengefäß weist auf den Gekreuzigten und sein Begräbnis hin, der Duft des Öls aber, der das ganze Haus durchdringt, auf die von Ostern her sich in die Kirche als Jesu „Haus" verströmende Geistesfülle.

Wie in der Maria-und -Martha-Szene bei Lk 10, so muß Jesus auch hier in Bethanien Maria in Schutz nehmen vor Vorwürfen, diesmal des Judas und der übrigen Jünger. Ihr Glaube ist von der Art, daß sie aus göttlicher Eingebung handelt, sie sprengt damit alle gewohnten Maßstäbe. Jesu Geist ist in ihr wirksam als das Geheimnis der Entgrenzung alles Irdischen und Jetzigen, die das Christentum nach Gottes Heilswillen künftig sein soll.

Martha, die Schwester, hat keinen Einwand gegen Maria mehr. Sie ist durch das Miterleben der Auferweckung des Lazarus zur Ebenbürtigkeit mit dem Glauben der Maria gelangt. Ihre Aufgabe ist jedoch weiter der schlichte Dienst, der, nunmehr aus Glauben geschehend, das Ganze des Heilsgeschehens tragen und verwirklichen hilft.

4. „Es ist der Herr"
Zu Johannes 21

Viermal kommt bei Johannes der Jünger, den Jesus liebhat, vor: beim Abendmahl, unter dem Kreuz Jesu, in der Osterfrühe und bei der letzten Erscheinung Jesu am See Tiberias. Hier im 21. Kapitel des Evangeliums wird unauffällig auf seine Identität mit Johannes, dem Bruder des Zebedäus, hingedeutet: sieben Jünger sind beisammen, Simon Petrus, Thomas, Nathanael, die (Söhne) des Zebedäus und zwei andere. Einer von ihnen ist im Verlauf der Geschichte der „Jünger, den Jesus liebhat"; es kann nur der eine der beiden Zebedäussöhne sein.

Sieben Jünger. Sieben ist eine Symbolzahl der künftigen Kirche, die in der johanneischen Apokalypse entsprechend durch die sieben Gemeinden repräsentiert wird.

Die Geschichte vom wunderbaren Fischzug, mündend in den Worten des Herrn an Petrus: Weide meine Lämmer, weide meine Schafe!, entspricht der Berufungsgeschichte des Simon Lk 5 mit Jesu abschließendem Wort: „Ich will dich zum Menschenfischer machen." Die eine Erzählung spielt auf der irdischen Ebene, die andere ist durchdrungen von der österlichen Wirklichkeit. In beiden ist das Netz Symbol der Kirche. Es ist die Zeit des Wartens der Jünger auf den Geist und seine Initiative. Das unerhört neue Licht, das durch Ostern in die Seelen einfiel, nimmt man überall hin mit. Aber noch ist nicht erkennbar, wie und wohin das Leben weiterdrängt und will. Das gibt es auch bei uns. Was tut man inzwischen?

Das Frühere, das Gewöhnliche, aber in einer neuen Wachheit auf Kommendes hin.

„Simon Petrus sagt zu ihnen: Ich gehe fischen. Sie sagen zu ihm: Wir gehen mit dir“ (V. 3a).

In der Berufungsgeschichte des Simon Lk 5 ist im Grunde nur von ihm die Rede, die Gefährten werden in sein Handeln lediglich einbezogen, über sie wird verfügt. – Bei Johannes dringt das Neue durch: Simons Mitjünger sagen ausdrücklich: Wir gehen mit. Und einer, der, den Jesus liebhat, wird im Lauf dieser Geschichte bestimmend für Simons Handeln. Seit Ostern gilt für die Jünger: In der Jüngerschaft herrschen Menschen nicht mehr über Menschen, alle sind in gleicher Weise zur Gotteskindschaft, zur Freiheit der Eigenentscheidung befreit, alle haben einander als Brüder zu sehen, und jeder hat die Gnadengabe des andern zu achten.

„Sie gingen hinaus und stiegen in das Schiff; aber in jener Nacht fingen sie nichts“ (V. 3b).

Wie in Lk 5: Nacht und Vergeblichkeit beim Fischfang aus eigener Initiative, menschlich irdisches Mühen allein führt zu nichts.

„Als es aber schon Morgen wurde, stand Jesus am Ufer, doch wußten die Jünger nicht, daß es Jesus war. Da sagt Jesus zu ihnen: Kindlein, ihr habt wohl keinen Fisch? Sie antworteten ihm: Nein! Er sprach zu ihnen: Werft das Netz auf der rechten Seite des Schiffes aus, und ihr werdet finden“ (V. 4–6a).

Der vorösterliche Jesus stieg zu Simon ins Boot. Der österliche Christus erwartet die Seinen am Ufer, am Gestade der Ewigkeit. (Ähnlich erwartet bei Matthäus der auferstandene Christus die Jünger auf dem Berg von Galiläa; den gleichen Berg stieg er zur „Bergpredigt“ mit den Volksscharen hinauf.)

Noch erkennen die Jünger den Mann am Ufer nicht. Aber in der Frage, die er an sie richtet, ist das erste Wort „Kindlein“ eines der Vertrautheit mit ihnen, das sofort Macht über ihr Innerstes bekommt, ihnen selber noch unbewußt, und so die Bereitschaft in ihnen weckt, auf ihn zu hören und zu tun, was er sagt. Sie antworten: Nein, ein einziges Kurzwort, es enthält die menschliche Situation ohne ihn. – Das Netz soll zur rechten Seite ausgeworfen werden. Die Rechte ist die Seite der Erwählung, die Linke die der Verwerfung (rechter und linker Schächer bei Lukas, die Erwählten auf der rechten, die Verworfenen auf der linken Seite im Jüngsten Gericht bei Matthäus). – „Ihr werdet *finden.*“ „Finden“ sagt Jesus statt „fangen“: die Symbolbedeutung des Fangs dringt durch, das johanneische „Finden der Verlorenen“. – Jesu Sendung wird der Jünger Auftrag.

Das Netz zur Rechten füllt sich mit Fischen, guten und schweren, so daß man das Netz nicht mehr hochzuziehen vermag. Erst als einer Jesus als den Herrn erkannt hat, vermögen sie es, aus der Kraft dieser Erkenntnis.

„Da sagte jener Jünger, den Jesus liebte, zu Petrus: Es ist der Herr. Als nun Simon Petrus hörte, daß es der Herr sei, gürtete er sich das Oberkleid um, denn er war nackt, und er warf sich in den See“ (V. 7).

Johannes erkennt, Simon Petrus handelt. Im *Erkennen* hat der Jünger, den Jesus liebt, die entscheidende Gnade und Autorität, im *Handeln* Petrus. Als das Netz ans Land geschleppt wird, ist Johannes unter den Arbeitern.

„Simon Petrus gürtete sich das Oberkleid um, denn er

war nackt." Dem Heiligen darf man nicht nackt begegnen, nicht mit der Nacktheit des gefallenen Adam, der durch die Sünde das ihn erhellende, umhüllende, umflutende Licht verlor. Ihm machte Gott das Kleid aus Fellen (Gen 3,21), ein Bußkleid, dessen Symbolbedeutung durchdringt, als der Täufer Johannes, zur Umkehr aufrufend, es wieder anlegt. Die als Jünger in die Gemeinschaft mit Jesus eingehen, empfangen das „weiße Kleid", das Zeichen ihrer Herkunft „von oben", sie haben „Christus angezogen"; ohne dieses Kleid setzt niemand den Fuß auf das Gestade, wo er die Seinen erwartet.

„Als sie nun an Land stiegen, sahen sie ein Kohlenfeuer angelegt und einen Fisch darauf liegen und Brot. Jesus sagte zu ihnen: Bringet von den Fischen, die ihr jetzt gefangen habt. Simon Petrus stieg hinauf und zog das Netz an Land, gefüllt mit 153 Fischen" (V. 9–11a).

Die Fische, die an das Ufer gebracht werden, sind gezählt. Jeder Gerettete, jeder Erwählte zählt bei Gott, trägt einen eigenen Namen, erfährt einmal den neuen Namen, mit dem er von Gott ins Leben hinübergerufen ist; als ein Mysterium der Liebe bleibt er ein Geheimnis zwischen Gott und dem Erwählten (Offb 2,17). Die Verworfenen zählen bei Gott nicht, sind „wie Staub, den der Wind von der Erde verweht" (Ps 1), sie tragen bei Gott keinen Namen, er kennt sie nicht, weil sie sein Angesicht nicht suchten, von ihm abgekehrt in eine andere Richtung schauten, den Ruf zur Bekehrung nicht hörten.

„Und obwohl es so viele Fische waren, zerriß das Netz nicht" (V. 11b).

Wie bei Lk 5 versinnbildet das Netz hier noch einmal die Kirche als das Beziehungsnetz Liebe, das die Gnade von oben knüpft; das Netz, das ans Gestade des österlichen Christus gebracht wird, „droht nicht zu zerreißen" wie in der lukanischen Berufungsgeschichte, weil einzig die Gnade es knüpfte und weil nur Erwählte das Geheimnis der *einen* Kirche ausmachen und verwirklichen helfen.

„Jesus sagt zu ihnen: Kommt, haltet Frühmahl!" (V. 12a).

Der irdischen Zeit entsprach und entspricht das Abendmahl. Wir leben in der Endzeit, in einer ihrem Ende sich zuneigenden irdischen Welt, „es kommt eine Nacht, da niemand wirken kann" (Joh 9, 4); das Abendmahl schenkt das Licht, um in der Weltzeit das Werk Gottes zu tun und um die Nacht zu bestehen. Der österlichen Wirklichkeit entspricht jedoch das Frühmahl, darum ist für den Sonntag, den Gedächtnistag der Auferstehung, die Eucharistiefeier in der Frühe geziemend, dem Werktag entspricht mehr das Abendmahl.

„Keiner der Jünger wagte ihn zu fragen: Wer bist du? Denn sie wußten, daß es der Herr war" (V. 12b).

Was im Menschen noch irdisch ist, möchte auch das Mysterium in irdisches Fragen und Begreifen hineinholen. Thomas, Didymus, der „Zwilling", Esau und Jakob in sich vereinend, einer aus dem Kreis der Sieben, steht hier noch einmal für uns alle. Aber ein inneres Wissen: Es ist der Herr! bewahrt uns davor, Fragen zu stellen, die in der Begegnung mit ihm überholt sind. Was sich da aus der irdischen Sphäre eindrängen könnte, würde das Erfahren der göttlichen Wirklichkeit hindern.

„Jesus kommt und nimmt das Brot und gibt es ihnen und ebenso den Fisch" (V. 13).

In verhüllender Form enthält dieser Satz den Hinweis auf die Eucharistie. Der „Ichthys" = „Fisch" ist das älteste Arkansymbol für Christus: In der Vokabel verbergen sich die Anfangsbuchstaben seines Wesens und seiner Sendung: Jesus – Christus – Gottes – Sohn – Retter.

Ein letztes Mal kommt der Jünger, den Jesus liebhat, in der nachfolgenden Szene vor:

„Als Petrus diesen erblickt, sagt er zu Jesus: Herr, was ist mit ihm? Jesus sagt zu ihm: Wenn ich will, daß dieser bleibe, bis ich komme, was geht es dich an? Du folge mir!" (V. 21–22).

Nicht im Hinblick auf Jesus stellt Petrus seine Frage. Nicht Jesus folgend, sondern indem er sich nach dem anderen Jünger umwendet. Das bedeutet: das Motiv seiner Frage ist ein Wissenwollen, das weder für sein eigenes Heil noch für das der Kirche relevant ist; darum weist Jesus es ab. Was nicht im Hinblick auf ihn erfragt werden kann, sollen wir ihm überlassen. Angedeutet wird aber in Jesu Antwort dennoch etwas Wesentliches in *seinem* Hinblick auf den Jünger, den er liebhat: er kann *bleiben,* bis Er kommt, sofern Er es will. Mit diesem Bleiben kann nur das Bleiben in Ihm gemeint sein, das kein Sterben mehr braucht, damit es sich zum Schauen vollende. Dieser Jünger, die reine Gestalt des Glaubens, ist so vom Tod ins Leben hinübergegangen, daß zeitliches Sterben bei ihm nur Vollendung dieses Hinübergangs sein kann.

III

Maria von Magdala

1. Ihr wird viel vergeben, weil sie viel geliebt hat

„Ein Gläubiger hatte zwei Schuldner; der eine war ihm fünfhundert Denare schuldig, der andere fünfzig. Da sie aber nicht zahlen konnten, schenkte er's beiden. Welcher von den beiden wird ihn wohl mehr lieben?“ (Lk 7,41.42).

Die Auslegung dieses kurzen Gleichnisses gibt Jesus selbst: „Wem wenig vergeben wird, der liebt wenig." Mit diesem kurzen Satz erklärt er seinem Gastgeber, Simon, dem Pharisäer, den Unterschied zwischen seinem und Maria Magdalenas Verhalten ihm gegenüber:

„... Ich kam in dein Haus – du gabst mir kein Wasser für die Füße, sie aber benetzte meine Füße mit ihren Tränen und trocknete sie mit ihren Haaren. Du gast mir keinen Begrüßungskuß – sie aber hört seit ihrem Kommen nicht auf, meine Füße zu küssen. Du salbtest mein Haupt nicht mit Öl – dafür hat sie meine Füße mit Balsam gesalbt ...“ (Vgl. Lk 7,36–50).

Warum liebt Simon Jesus soviel weniger als Magdalena? Weil er soviel weniger Vergebung braucht und empfängt. Aber vielleicht hatte er sie wirklich nicht nötig? Magdalena war eine öffentliche Sünderin. Und Simon? Nichts spricht gegen die Annahme, daß sich sein Leben in vorbildlich korrekten Bahnen bewegte, er gehörte zu den angesehenen Frommen in Israel. Was also blieb er Gott schuldig? Sein Verhalten Jesus und der Frau gegenüber zeigt es: das Eigentliche, sich selbst.

Würde dieser Mann Gott suchen, so würde in der Begegnung mit Jesus Gottes Nähe ihn anrühren wie Magdalena. Würde er aus dem Erbarmen Gottes leben, so würde er nicht ein Verächter derer sein, die gleich ihm Erbarmen brauchen, und nicht zu Gericht sitzen über den, der Erbarmen erweist.

In Simons Korrektheit birgt sich eine Sünde, die tiefer reicht und verhängnisvoller ist, als die der Frau war, eine Sünde, die Jesus an anderer Stelle mit einem Balken im Auge vergleicht – jede andere ist nur ein Splitter von diesem Holz: die Selbstgerechtigkeit. Sie ist die Blindheit für die Gnade. Sie hat zur Folge, daß der Blick nach unten geht. Wer aber herabschaut, begegnet Gott nicht mehr. Darum trifft er ihn auch nicht an in der Begegnung mit Jesus Christus. Daß Simon ihn mit einer geradezu herausfordernden Geringschätzung behandelt, macht unmittelbar deutlich, wie wenig Vergebung er ersehnt und empfängt. Nicht viel mehr, als daß es gleichsam nur seine Haut ritzt. Was blieb er Gott schuldig? Ein bißchen äußeres Gesetzeswerk, viel weniger als andere Menschen. Wen Gottes Blick nicht mehr erreicht, der kennt Gott nicht, und wer Gott nicht kennt, wie sollte der sich selbst erkennen?

Auch Maria Magdalena ist Gott zunächst alles schuldig geblieben: sich selbst. Aber die Begegnung mit Jesus läßt sie diese Schuld erkennen. Der Blick seiner Liebe sagt sie ihr. Jesus sieht sie nicht, wie andere Menschen sie sehen, verächtlich oder begierlich oder beides zugleich – mit dem Auge, das nach unten geht. Niemand erreicht einen Menschen mit solchem Blick. Jesus nimmt Maria hinein in seinen Aufblick zum Vater als die, die Gottes Tochter war und es wieder sein wird. Die Ehrfurcht sieht sie. Wenn einer von Gott gesehen wird, so *wird* er, wie Gott ihn sieht, sofern er Gottes Sehen in sich einläßt; und auch das gibt ihm Gott.

Die Sünder sind von Jesus gerufen, an seinem Sehen teilzunehmen, indem sie aufschauen zu ihm; und tun sie es, werden sie Jünger Jesu. Wer Jesus im Auge hat, sieht dann auch mit seinen Augen, Jesu eigenes Sehen wird wirksam durch das Auge des Jüngers hindurch, in seiner wandelnden Gewalt. Darum ist Petri erstes Wort bei der Heilung des Lahmgeborenen: „Sieh uns an!" (Apg 3,4). Jesu Blick geht immer zum Vater: Was er sieht, nimmt er hinein in diesen Blick. Des Jüngers Auge geht zu Jesus, dem Lamm, das die Schuld der Welt hinwegnimmt, und durch ihn und mit ihm zum Vater. Das Licht eines Auges, das Jesus sieht, ist sein Heiliger Geist. Wenn das Auge durch ihn erleuchtet ist, „so ist der ganze Leib im Licht" (Mt 6,22). Der ganze Mensch ist dann von Gott gesehen, und alles, was er denkt, tut, erfährt und leidet, hat Gott im Auge.

„Wem weniger vergeben wird, der liebt auch weniger." – Wieviel Vergebung braucht der Mensch? Das wird er erkennen in dem Maße, als er Jesus erkennt und liebt, weil er von ihm erkannt und geliebt ist. Soviel wie einer von Jesus erkennt und soviel als er ihn wiederliebt – genausoviel erkennt er auch seine Schuld und die Vergebung, die Gott ihm schenkt, und soviel ersehnt er sie. Jesus ist die Erscheinung der vergebenden Gnade Gottes (Tit 2,11). Aber auch – als der von Gott Dahingegebene und am Kreuz für uns geopferte – die Erscheinung der *Schuld,* auf die Gottes Vergebung antwortet.

Wieviel gibt Gott denn, da er vergibt? Er gibt den Sohn – „wie aber sollte er uns mit ihm nicht alles schenken!" (Röm 8, 32) –, so gibt er alles! Warum gibt er alles? Weil wir alles schuldig blieben: uns selbst, das Herz. Darum gibt er *sein* Herz, damit wir ihm alles wiedergeben in der Kraft *seines* Herzens, die der Heilige Geist ist. Alles, das heißt in und mit Jesus Christus uns selbst und mit uns selbst das ganze Universum vom Seraph bis zum Wurm, denn solche Macht ist der Liebe gegeben, die Gott selbst in uns erweckt und die die seine in uns ist. Alles vermag sie Gott hinzugeben, das All. Maria, die die ganze Fülle der Vergebung empfing, offenbart auch die Fülle dieser Macht.

Aber bis wir nicht alles zurückgegeben haben, das ganze Herz, die ganze Liebe, die ganze Kraft, das ganze Leben, bleiben wir der Vergebung bedürftig, bleibt es in unserer Schwäche offenbar, wer wir waren; und wer wir wären, wenn Gott uns nicht fort und fort vergäbe, um so zu verhüten, daß wir es je wieder sind: verlorene Söhne. Die Vergebung bleibt im Vollzug, sie ist identisch mit dem Erlöser und seinem Kommen, mit dem Hauch seines Mundes, mit seinem Geist, der das Angesicht der Erde erneuert, bis es ein himmlisches Antlitz wurde, bis „der ganze Leib im Licht" ist. Und sie nimmt zu, dringt immer tiefer vor in jenen, die sie mit dankbarer Liebe erwidern und sich zu ihr bekennen wie die Sünderin. In solchen wächst auch die Vergebungsbedürftigkeit, wächst die Veränderungsbereitschaft (die das Zeugnis ihrer Wahrheit ist) – „Tugend", die sie mindert, ist gerichtet; mit ihr hat der Mensch nur sich selbst, nicht Gott gesucht. Denn je mehr einer Jesus erkennt durch die Erwiderung seiner Liebe, desto mehr erkennt er sich selbst, und desto weniger hält er von sich selbst (die Heiligen halten sich für die größten Sünder) – desto mehr aber wächst auch sein Durst nach Gott und weitet sich sein Herz für Gottes Gnadengabe.

Wieviel Vergebung braucht der Mensch? Soviel, wie er Jesus Christus braucht. Und wieviel empfängt er? Soviel, wie er Jesus Christus liebt. Denn: „Ihr wird viel vergeben, weil sie viel geliebt hat; wem aber wenig vergeben wird, der liebt auch wenig."

2. Maria in der Osterfrühe

„Am ersten Tag nach dem Sabbat aber kommt Maria aus Magdala, früh, als es noch finster war, zum Grab und sieht den Stein vom Grab weggenommen" (Joh 20, 1).

„Als es noch finster war", das hat einen Realsinn und Bildsinn.

Lukas berichtet, daß Frauen aus Galiläa, die Jesus nachfolgen, in der Osterfrühe zum Grabe kommen mit Spezereien, um Jesu Leichnam zu salben (Lk 24, 1 f.). – Maria Magdalena wartet jedoch die Tageshelle nicht ab. Die Einzigartigkeit ihrer Liebe zu Jesus drängt sie, gegen Gesetz und Sitte, durch die dunklen Gassen Jerusalems im Finstern zu seinem Grab; sie eilt den anderen vorauf, wie wenig später der Jünger, den Jesus liebhat, vorauflaufen wird.

„Wem weniger vergeben wird, der liebt auch weniger"

(Lk 7,50). Ihre allen vorauseilende Liebe entspricht der Vergebung, die sie empfing.

Der Symbolsinn dieser Stelle ist der gleiche, wie in der Geschichte Joh 3, wo Nikodemus bei Nacht zu Jesus kommt: Ihm fehlt noch das Licht des Lebens; für Maria Magdalena ging dieses Licht bei der Kreuzigung Jesu unter, mit Jesu Tod wurde es Nacht für sie. Aber sie liebt Jesus und diese Liebe kennt keinen Untergang. Diese Liebe läßt sie auf der Suche nach dem verlorenen Licht dem Sonnenaufgang entgegenlaufen. Sie sieht, daß der Stein vom Grab weggewälzt ist.

„Da läuft sie und kommt zu Simon Petrus und dem andern Jünger, den Jesus liebhatte, und spricht zu ihm: Sie haben den Herrn weggenommen aus dem Grab, und wir wissen nicht, wohin sie ihn gelegt haben. Da gingen Petrus und der andere Jünger hinaus und kamen zum Grab. Es liefen aber beide zugleich. Doch der andere Jünger lief voraus, schneller als Petrus, und kam zuerst an das Grab" (V. 2–4).

In dieser Morgenfrühe kommt noch einmal das Laufen vor, das der beiden Jünger. Jedesmal ist das Eile der Liebe aus einem Glauben, der zwar mit Jesus in Grabesdunkel gerät, aber sein Wesen, sein innerstes Leben, sowenig verliert, wie Jesus selbst es im Tode verlor. Der Geist bleibt im Spiel, ohne daß die Läufer es wissen.

Der Jünger, den Jesus liebhat, läuft schneller als Petrus. Dieser Jünger hat Maria, die Mutter Jesu, „von jener Stunde an" zu sich genommen (Joh 19,27) (d.h. von der Stunde an, die Jesus auf der Hochzeit zu Kana in seinem ersten Wort an Maria zur Sprache bringt, hier wird sie zum letztenmal erwähnt, die Stunde seiner Erhöhung).

Maria war der einzige Mensch, der im Mitvollzug der Stunde Jesu mit Johannes unter dem Kreuz stehend in der Glaubenszuversicht standhielt. Bei der Verkündigung war ihr Jesus verheißen worden mit dem Engelwort: „Gott, der Herr, wird ihm den Thron seines Vaters David geben, er wird über das Haus Jakob herrschen in Ewigkeit und seines Reiches wird kein Ende sein." Lukas sagt ausdrücklich, daß Elisabeth sie seligpries, weil sie glaubte, daß sich erfüllen werde, was ihr da vom Herrn gesagt wurde. Ihr Glaube hatte von Anfang an die gottgeschenkte Tiefe und Weite, die dem Christusgeschehen bis zur Parusie entsprach, was nicht bedeutet, er sei nicht wie der unsere ohne Anfechtung gewesen, er habe nicht der immer neuen Nahrung sowie der fortschreitenden Entfaltung durch Bewährungen und Prüfungen bedurft; in diesem Prozeß waren die dreißig gemeinsamen Jahre Marias mit Jesus für sie gewiß die wichtigeste Phase.

In Gottes Heilshandeln weist Erstes hinüber auf Letztes, die Glorie des Anfangs enthält schon das Samenkorn der künftigen Herrlichkeit. Bei der Verkündigung bekam Marias Glaube eine göttlich fundamentale und vehemente Erstausrichtung auf das Letztziel, so daß er auch in der Stunde äußerster Erprobung, bei der Kreuzigung Jesu, durchhielt; die Stunde Jesu war auch die Stunde der glaubenden Maria.

Von daher erklärt es sich, daß die Mutter Jesu sich nicht mit den Frauen am Grabe einfindet, die in der Frühe nach dem Sabbat Jesu Leib salben wollen; ihr Name ist nicht darunter.

Marias Osterzuversicht muß sich dem, der sie „von jener Stunde an" zu sich nahm, mitgeteilt haben, dem mitgeteilt haben, der ohnedies dem göttlichen Geheimnis Jesu näher war als alle Mitjünger. Bei der Nachricht vom leeren Grab beflügelt ihn Hoffnung, das ist der Grund für seinen schnelleren Lauf. Petrus ist noch wie gelähmt vom Geschehen des Karfreitags, darum bleibt er im Lauf zurück. Er glaubt auch noch nicht, nachdem er in das Grab hineingegangen ist und die Leintücher geordnet daliegen sieht. Von Johannes dagegen heißt es: „Da ging auch er hinein, er sah und glaubte."

„Da gingen die Jünger wieder heim. Maria aber stand draußen vor dem Grab und weinte. Wie sie nun weinte und sich ins Grab hineinbeugte, schaut sie zwei Engel in weißen Kleidern sitzen, den einen beim Haupt und den andern bei den Füßen, wo der Leib Jesu gelegen hatte. Und diese sagen zu ihr: Frau, was weinst du? Sie sagt zu ihnen: Sie haben meinen Herrn weggenommen, und ich weiß nicht, wohin sie ihn gelegt haben" (V. 10–13).

Maria von Magdala wird von den nach Jerusalem zurückkehrenden Jüngern unterschieden. Die gehen wieder, sie bleibt. Sie kennt kein anderes Zuhause mehr als ihn. Und ihre Trauer kennt keinen anderen Trost als den, daß ihr wiedergeschenkt wird, der ihr entrissen wurde. Sie wird erst wieder gehen, wenn sie dem Lebenden begegnet ist, und wenn dieser selbst, den sie jetzt noch bei den Toten sucht, sie zu seinen Brüdern gehen heißt.

Viermal wird in den folgenden Versen gesagt, daß sie weint. Vier ist die Erdenzahl. Die Erde, die Stätte von immer neu sich auftuenden Gräbern, von Trennungen, von Verlust, ist ein einziges Tal der Tränen, vallis lacrimarum.

„Wie sie nun weinte und sich ins Grab hineinbeugte, schaut sie zwei Engel in weißen Kleidern sitzen ... Und diese sagen zu ihr: Frau, was weinst du?" (V. 11–13.)

Zwei Engel sind es bei Lukas und Johannes (bei Matthäus und Markus jeweils nur einer), sowie dann auch die Jünger als Osterboten zu zweit auf den Weg geschickt werden. Im Lukasevangelium sind die Frauen der Jesusnachfolge aus Galiläa „voll Furcht", da sie die „Männer in weißen Gewändern" erblicken, „sie beugen das Gesicht zur Erde" (Lk 24,5). Bei Maria Magdalena in der Osterfrühe gibt es diese Furcht nicht, so wenig wie bei der Maria der Verkündigung, zu der der Engel eintritt und die er sofort grüßen kann: Freue dich!, statt erst sagen zu müssen: Fürchte dich nicht!

Maria von Magdalas Auge hält das Licht der Engel aus, denn es ist rein, gewaschen durch die Tränen der Reue und des Dankes, ohne eine Spur noch von „Splitter und Balken", denn sie sucht nur noch Jesus, den Gekreuzigten. Für sie gilt die Seligpreisung der Herzensreinen, die Gott schauen werden, und das andere Bergpredigtwort: „Ist dein Auge licht, so ist dein ganzer Leib im Licht" (Mt 6,22). Nichts hindert sie mehr, das Licht leibhaftig zu schauen – außer dem Schleier der Tränen.

Zuerst also sieht sie die Engel und hört wie sie fragen: Frau, was weinst du? Das ist Frage, die nicht Neugier, sondern Teilnahme ausdrückt, der andere soll sich mitteilen können; wer sich mitteilt, ist ja nicht mehr völlig verlassen, nicht ganz mehr mit sich allein, wie er sich vorfindet, wenn ihm geliebtes Leben entrissen wurde.

„Sie sagt zu ihnen: Sie haben meinen Herrn weggenommen, und ich weiß nicht, wohin sie ihn gelegt haben. Als

sie dies gesagt hatte, wandte sie sich um und schaute Jesus da stehen, aber sie wußte nicht, daß es Jesus war. Jesus sagt zu ihr: Frau, was weinst du? Wen suchst du? Da jene meinte, er sei der Gärtner, sagt sie zu ihm: Herr, wenn du ihn weggetragen hast, sage mir, wohin du ihn gelegt hast, und ich werde ihn holen. Jesus sagt zu ihr; Maria. Da wandte jene sich um und sagt zu ihm auf hebräisch: Rabbuni, d.h.: Meister" (V. 13–16).

Die Engel antworten auf Marias klagendes Nichtwissen anders als mit Worten. Was sie wissen, das schauen sie, sie schauen Gott, das ist ihr Wesen; und darum schauen sie jetzt dorthin, wo der Auferstandene ist, sie schauen den Lebendigen, und dieses Schauen ist ihre Antwort. So findet sich Maria unwillkürlich in die gleiche Blickrichtung gedrängt, vom Tod weg in die Richtung Leben, und so schaut auch sie – aber zunächst nur Jesu Gestalt.

Noch „weiß" sie nicht, daß er es ist. „Wissen, wer er ist" bedeutet im Johannesevangelium glauben. Sie weiß noch nicht, daß er es ist, obwohl sie ihn schon wahrnimmt, weil ihr Schmerz immer noch den „Lebendigen bei den Toten" sucht.

Da sagt Jesus zu ihr: Frau, was weinst du? Wen suchst du? Das ist noch einmal die Engelfrage voller Teilnahme, aber um eine entscheidende erweitert: „Wen suchst du?" Mit seinem fragenden „Wen" hält Jesus sie bei sich fest, beginnt es, daß er selbst sich ihrem Blick schenkt, der Schleier über ihren Augen hebt sich. Der Gesuchte selbst fragt die Suchende, damit ihr Suchen ihn an seiner Frage zu erkennen beginnt.

„Sie meinte, es sei der Gärtner und spricht zu ihm:

Herr, wenn du ihn weggetragen hast, sage mir, wohin du ihn gelegt hast und ich werde ihn holen. Jesus sagt zu ihr: Maria! Da dreht sie sich um und sagt zu ihm auf hebräisch: Rabbuni, d. h.: mein Meister. Jesus sagt zu ihr: Halte mich nicht fest! Denn ich bin noch nicht zum Vater aufgestiegen. Geh zu meinen Brüdern und sage ihnen: Ich steige auf zu meinem Vater und eurem Vater, zu meinem Gott und eurem Gott. Maria aus Magdala geht und verkündet den Jüngern: ich habe den Herrn gesehen, und dies hat er zu mir gesagt" (V. 15–18).

„Sie meinte, es sei der Gärtner." – In der voraufgehenden Perikope, die von der Bestattung des Leichnams Jesu handelt (Joh 19,41 ff.), hieß es mit auffälliger Betonung: „an dem Ort, wo man ihn gekreuzigt hatte, war ein Garten und in dem Garten war ein neues Grab, in dem noch niemand bestattet worden war ..." Nur Johannes erwähnt den Garten. Die Stelle kann nicht nur topografisch gemeint sein; wie alles bei diesem Evangelisten enthält sie theologisches Symbol. Sie läßt zurückdenken an den Garten Eden, an das Paradies (Gen 2,4b ff.), der dann auch in der johanneischen Apokalypse wieder vorkommt als Bild der kommenden himmlischen Welt. Der „Garten", in den Jesu Leichnam gebettet wurde, erfährt die Verwandlung zum Ursprung und zur Endvollendung hin durch das Mysterium der Auferstehung. Darum ist das Grab auch ein „neues" Grab (dem „neuen" Bund, dem „neuen" Gebot, dem „neuen" Lied entsprechend). Für Maria Magdalena, der die Sünden vergeben sind, wird der Garten mit dem neuen Grab wieder zum Paradies des Ursprungs.

Auch hier wieder der Bogen zum Lukasevangelium.

Der rechte Schächer bekennt und erkennt sich als Sünder und gibt sich Jesus als dem Retter anheim: Ihm wird als erstem aller Menschen ausdrücklich das „Paradies" zugesprochen, durch und mit Jesus gelangt er hinein: „Heute noch wirst du mit mir im Paradiese sein."

Entsprechendes gilt für Maria aus Magdala. Die öffentliche Sünderin bekennt sich im Hause Simons, des Pharisäers, zu Jesus als ihrem Retter. Als erste betritt sie dann den durch Jesus, den Auferstandenen, zum Paradies gewordenen „Garten". Die neue Eva wird nicht wie die erste den Tod, sondern in Jesu Gnade und Auftrag das Leben weitergeben.

Zwei Letzte werden Erste, der rechte Schächer bei Lukas, Maria Magdalena bei Johannes, beide gehen ins Paradies ein.

Maria Magdalena meint zunächst also, es sei der Gärtner, immer noch „sieht" sie ihn nicht wirklich, immer noch läßt die schmerzvolle Unbegreiflichkeit des mit Jesu Tötung Geschehenen sie nicht los. Aber was sie nun auf sein „Wen suchst du?" hin sagt, beginnt unwillkürlich mit dem Kyrie, „Herr", das dem Auferstandenen zukommt, sie redet einen Gärtner mit dem Herrlichkeitsnamen an, womit sie, ohne es selbst zu wissen, recht hat, der Kyrios ist ja tatsächlich der ‚Gärtner' des neuen Garten Eden, des Paradieses, das überall da ist, wo er ist, und wo man mit ihm sein darf.

Was Maria dem „Gärtner" jetzt noch als Möglichkeit zutraut, daß er ihren Herrn weggetragen haben könnte, das gleiche traut sie sich selbst zu, „ich werde ihn holen" – auf ihren eigenen Armen, diese eine kleine, schwache

Frau. Das ist die Torheit der Liebe, die „stark ist wie der Tod" (Hld 8,6).

Darauf sagt Jesus zu ihr: „Maria!" Mit dem Laut dieses Namens aus seinem Mund, mit der Stimme, die ihn sagt, stimmt alles in ihr überein, das neue Leben ist in ihm enthalten, das er ihr schenkte, als er ihr die Sünden vergab. Was Jahwe zum Volk Israel einst durch den Propheten sagte: „bei deinem Namen habe ich dich gerufen, mein bist du" (Jes 43,1), das hat Jesus sie erfahren lassen, und sie erfährt es neu. (Einen entsprechenden Sinn hat es, wenn wir bei unserer Taufe mit Namen gerufen werden und wenn dieser Name als der eines Heiligen das Geheimnis der Kirche mitenthält.)

Sie sagt zu ihm „Rabbuni". „Rabbuni" statt „Rabbi", „mein Meister" statt ‚Meister', das ist ein ähnliches Wort der vertrauten Nähe wie das „Abba", das Jesus zum Vater sagt.

„Jesus sagt zu ihr: Halte mich nicht fest (rühre mich nicht an)!" Dieser Satz schließt ein, daß Maria, ähnlich wie es im Hause Simons, des Pharisäers, geschah, seine Füße umfassen wollte. Aber für menschlich irdische Zärtlichkeit in der früheren Weise ist Jesus nicht faßbar. Ein leibhaftiges Ergreifen des Herrn von einem durch ihn Ergriffenen gibt es nur mehr im Sakrament, im Glauben, der die Bewegung Jesu zum Vater und seine jenseitige Herrlichkeit mitvollzieht. Erst wenn wir über die irdische Todesschwelle ganz hinübergelangt sind, wenn wir ihn „schauen wie er ist" (1 Joh 3,2), sind wir ihm vollends geeint.

„Geh zu meinen Brüdern und sage ihnen: Ich steige auf zu meinem Vater und eurem Vater, zu meinem Gott und eurem Gott." Das ungestüme Verlangen Marias empfängt Erfüllung und Inhalt in diesem Auftrag Jesu. Wie die Samariterin, nachdem sie Jesus als den Messias erkannt hat, zu ihren Landsleuten lief, so soll sie jetzt zu seinen „Brüdern" gehen – Brüder heißen diese Jünger nun, sie sollen wissen, daß der Auferstandene, den sie als den Gekreuzigten verließen, sie Brüder nennt, mit ihm und durch ihn sind sie nun Kinder des einen Vaters.

„Sage ihnen, ich steige auf zu meinem Vater und eurem Vater, zu meinem Gott und eurem Gott." Noch einmal wird hier wie in dem Voraufgehenden „ich bin noch nicht zum Vater aufgestiegen" hervorgehoben, daß Jesu Aufstieg im Vollzug bleibt; vollendet wird dieser erst sein, wenn Jesus all seinen Jüngern durch die Zeiten und Welten hindurch „die vielen Wohnungen" beim Vater bereitet hat, sie alle in seine Bewegung zum Vater und in die Gemeinschaft mit Gott hineingenommen hat, wie er es ihnen als Frucht seines Hingangs zum Vater vorhersagte (Joh 14,21 ff.).

„Maria aus Magdala geht und verkündet den Jüngern: Ich habe den Herrn gesehen, und dies hat er zu mir gesagt" (V. 18).

Maria aus Magdala – noch einmal erscheint hier wie am Anfang der Erzählung ihr voller Name. Angesichts des leeren Grabes war sie nichts als Unfaßbarkeit, Erschrockenheit, Angst und Frage; jetzt ist der ganze Mensch Maria Frohbotschaft „Ich habe den Herrn gesehen"! – Unwillkürlich denkt man an den Ausruf des Paulus im ersten Korintherbrief: „Bin ich nicht Apostel, habe ich nicht den Herrn gesehen?!" (9, 1.) Was den Apostel ausmacht, „ich habe den Herrn gesehen", das wird auch Maria geschenkt, und zwar noch vor den Aposteln. Und was ihr der Herr, den sie als erste sieht, gesagt hat, soll sie weitersagen. Die Befreiung und Erhebung der Frau aus einer Jahrtausende währenden Eingrenzung ihres Selbstandes in die volle uneingeschränkte Würde des Menschseins, der Gotteskindschaft und des Apostolats bekommt in diesem Satz ihre göttlich inspirierte Urkunde.

Anhang

Ein indisches Gleichnis und seine Deutung

Ein hoher Beamter fiel bei seinem ungerechten König in Ungnade. Der König ließ ihn im obersten Raum eines Turmes einkerkern. In einer mondhellen Nacht aber stand der Gefangene oben auf der Zinne des Turmes und schaute hinab. Da sah er seine Frau stehen. Sie machte ihm Zeichen und berührte die Mauer des Turmes. Gespannt blickte der Mann hinunter, um zu erkennen, was seine Frau hier tat. Aber es war für ihn nicht verständlich, und so wartete er geduldig auf das, was da kam.

Das Weib am Fuße des Turmes hatte ein honigliebendes Insekt gefangen; sie bestrich die Fühler des Käfers mit Honig. Dann befestigte sie das Ende eines Seidenfadens am Körper des Käfers und setzte das Tierchen mit dem Kopf nach oben an die Turmmauer, gerade an die Stelle, über der sie hoch oben ihren Mann stehen sah. Der Käfer kroch langsam dem Geruch des Honigs nach, immer nach oben, bis er schließlich dort ankam, wo der Gefangene stand.

Der Gefangene aber war aufmerksam und lauschte in die Nacht hinein, und sein Blick ging nach unten. Da endlich sah er das kleine Tierchen über die Rampe klettern. Er griff behutsam nach ihm, löste den Seidenfaden, befreite das Insekt und zog den Seidenfaden langsam und vorsichtig zu sich empor.

Der Faden aber wurde immer schwerer. Es schien, daß etwas daran hing. Und als der Mann den Seidenfaden ganz bei sich hatte, sah er, daß am Ende des turmlangen Fadens ein Zwirnsfaden befestigt war. Der Mann oben zog auch diesen Faden zu sich empor. Der Faden wurde immer schwerer, und siehe, an seinem Ende war ein kräftiger Bindfaden festgemacht. Langsam und vorsichtig zog der Mann den Bindfaden zu sich empor. Auch dieser wurde schwerer und schwerer, und an seinem

Ende war dem Mann eine starke Schnur in die Hand gegeben. Der Mann zog die Schnur zu sich heran, und ihr Gewicht nahm immer mehr zu, und als das Ende in seiner Hand war, sah er, daß hier ein starkes Seil angeknotet war. Das Seil machte der Mann an einer Turmzinne fest.

Das Weitere war einfach und selbstverständlich. Der Gefangene ließ sich am Seil herab und war frei. Er ging mit seiner Frau schweigend in die stille Nacht hinaus und verließ das Land des ungerechten Königs.

Zur Deutung

Das Reich des ungerechten Königs ist die programmierte Welt, die ihre Chance sieht in der Mehrung und Sicherung von kommerzieller und politischer Macht: in Geld, Wissen und Waffen, in Leistung und Konsum. – Der hohe Beamte: einer, der in diesem Bereich Karriere gesucht und gemacht hat. Daß er beim ungerechten König in Ungnade fällt, bedeutet, daß er sich irgendwann und irgendwo der Ungerechtigkeit verweigert hat. Nun findet er sich gefangen ganz oben in einem hohen Turm. Der ist hier das Symbol auswegloser Verstiegenheit. („Wir haben uns verstiegen", sagte ein Abgeordneter der Atommächte.) Als Eingekerkerter leidet er nun unter ihr und sinnt auf Rettung; so schaut er in die Tiefe nach unten, fragt sich: Wie komme ich an den Anfang zurück?

Da sieht er seine Frau stehen. Im Leiden und Ausschauen entdeckt er sie, d. h. seine Seele, wieder, sie hatte er verloren in aller Geschäftigkeit, nun sehnt er sich nach ihr zurück. Animus findet Anima. Animus, das ist der aktive, analysierende, planende, geschäftige, machende Mensch. Anima: der schauende, lauschende, in den Zusammenhängen seines Ursprungs lebende Mensch. Die Wiedervereinigung beider bedeutet Befreiung des Menschen. – Dabei wird Anima zur Retterin von Animus. Für diesen beginnt der lange Weg der Geduld. Im selbstlosen Warten, Ausschauen und Aufmerken gewinnt er seine Seele wieder und damit die Freiheit. Jene Welt, die er für die einzig wirkliche hielt, erweist sich im nachhinein als bös und gespenstisch. In den Dienst der Errettung aus ihr tritt das Leiden, das Schweigen, die Stille, die Nacht. Retterin ist die Liebe, die den Zusammenhang bewahrte mit der Welt, wie Gott sie schuf, und die dem die Treue hielt, der sich verstieg; sie ist erfinderisch, sie weiß das gottgegebene Kleine und Geringe, das mächtiger als das vom Menschen gemachte Große und Gewaltige ist, in den Dienst der Befreiung zu stellen.

Heinrich Spaemann im Verlag Herder

Stärker als Not, Krankheit und Tod

„Dies ist ein Buch des Trostes. Wer braucht Trost? Der Einsame, der Kranke, der Deprimierte. Der Trost stammt aus der Lebenserfahrung des 80jährigen geistlichen Lehrers und Schriftstellers und aus der Bibel, dem Wort Gottes.
Heinrich Spaemann bietet auch eine Hilfe für alle, die Trost geben müssen: Ärzte, Schwestern, Seelsorger. Es ist ein gutes, weises und demütiges Wort, das Ruhe, Sicherheit und Trost ausstrahlt. Man sollte es schenken"

(Die neue Bücherei, München).

4. Auflage als Sonderausgabe. 128 Seiten, Paperback.
ISBN 3-451-20245-X

Und Gott schied das Licht von der Finsternis

Christliche Konsequenzen

„Dieses Buch gehört mit zum Besten, was die religiöse Literatur in den letzten Jahren aufzuweisen hat. Es ist ein Buch, dessen Gedanken aus dem Innersten kommen und ins Innerste des Lebens zielen, ein Meditationsbuch, das uns Antwort gibt auf die Frage, was es heißt, in Wirklichkeit und heute alternativ zu leben, und dies unmißverständlich konsequent christlich. Spaemann bietet in seinem Buch das faszinierende religiöse Panorama der uralten und ewig neuen Rezeptur menschlichen Zusammenlebens nach der Bergpredigt: das ernst gelebte Christentum als schlechthin einzig funktionierende Alternative zu einem gott- und heillosen, gewalttätigen Lebensstil der modernen Menschen" *(Reinischer Merkur/Christ und Welt).*

192 Seiten, Paperback. ISBN 3-451-19540-2